내마음의이야기

내 마음의 이야기

제운 스님 지음

지혜의나무

머리말

  그렇게도 지루했던 우기(雨期)가 계속되더니 8월도 다 가는 지금 우기의 앙갚음이라도 하듯 푹푹 찌는 날이 계속된다.

  가을의 문턱에 들어선다는 입추(立秋) 지난 지가 오래고 초복 중복 말복도 다 지나버렸다. 시간은 되돌아보면 잠깐이다. 서리 맞고 돌아서는 외기러기 생각 떠올릴 날도 머지않았다.

  그래도 나는 용문산(龍門山), 천년을 훌쩍 넘은 그 수려하고 청량한 계곡에 발을 담그고 나의 책 서문을 쓸 수 있으니 딴은 다행이다.

  유난히도 올 여름은 어지럽고 시끄럽고 짜증나는 계절이다. 대선을 앞둔 현실이며, 아프가니스탄 사건, 불교의 여러 사건 등이 그렇다.

  사람들이 몸이 가렵거나 후텁지근하면 먼저 물을 생각하는 것처럼, 이럴 때는 별 특효약이 없다. 그저 계곡에 흐르는 물이, 주인도 기다림도 아쉬움도 기약도 없이 그저 흘러가는 물에 두발 담그고 잠시나마 세파(世波)를 잊는다면 비록 잠깐일지라도 행복한 것이다.

  글이란 유형(有形)을 정하면 정할 수 있는 것이고, 유형을 정하지 않으면 않는 대로 그저 눈으로 보고 느낀 대로 생각이 일어나는 대로 쓴다면 크게 틀리지 않는다 생각한다.

이번에 쓴 이 글은 산문(散文)으로 어디에 모티브(motive)를 둔 것은 없다. 굳이 표현하자면 내 마음에 적을 뒀다면 너무 추상적일까? 아무튼 많은 인용을 배제하면서 내 속 이야기를 하고 싶었고 그것을 옮겨 적은 것뿐이다.

마음이란 추상적 용어이지만 사람들은 남녀노소 직분에 관계없이 모두가 이를 말하고 있으니 마음이란 참 신비롭고 멋진 말이 아닐 수 없다.

나는 지난날 청도 도솔암에서 살았는데 암자의 감원(監院)으로 책임자의 소임이었지만 사중 경제에는 별 관심을 두지 않고 시간이 나는 대로 책을 보거나 서예를 주로 하면서 지냈다.

신도들의 내왕이 잦았고 고시생, 재수생, 수양객 등이 많이 있었기에 작은 암자라 할지라도 일정한 룰을 유지하게 되는데, 하루는 절에 머무는 보살이 특별히 하는 것 없이 저녁 예불 시간에 예불을 하지 않았다. 나는 그 신도에게 물었다. "왜 예불하지 않느냐?" 그러자 그 신도가 하는 말이 "마음으로 예불을 하였습니다." 나는 순간 웃음이 나왔다. 이건 아닌데, 마음이 무엇이기에 마음으로 예불하면 법당에 가지 않아도 예불한 것과 같다는 뜻인데 마음이라는 것을 이런 데 써도 되는 것인지, 솔직히 내 마음으로는 못 마땅했지만 그런 일로 화내거나 꾸짖거나 그렇다 아니다 운운할 수가 없었다.

마음이란, '마음먹기 달렸다'는 말부터 추상성을 지니면서도 큰 위

력을 가지고 있다. 그렇지만 마음을 아무렇게나 갖다 들이댈 수는 없
는 것이다. 그렇게 될 때 '마음대로'가 되기 때문이다.

그러해서 마음은 잘 쓰면 큰 공덕이 되지만 잘못 쓰면 되돌릴 수 없
는 업(業)이 된다.

이 책을 대하는 여러분들의 마음에 작은 쉼터라도 된다면 나는 이
글을 쓴 보람이 있을 것이다.

용문사 설선당(說禪堂)에서 제운 씀

목차

3부 회상의 언덕

1부
내일을 위해

不
識
堀正□

나를 버려라

나를 버리기 전에 먼저 나를 알아야 한다. 나는 누구인가, 나는 무엇인가, 나는 무엇을 할 수 있느냐. 나라는 존재를 알려고 하지만 알려고 하면 할수록 나와는 멀어진다.

내가 나를 알 수만 있다면 내 마음대로 나를 이끌어 나갈 수 있을 것 같은데 도대체 나란 무엇이고 누구이기에 스스로의 나를 알지 못하니 참으로 답답할 때가 많다.

어렸을 때의 나는 없다. 왜 그런가 하면, 나라는 존재 가치를 알아야 나인데 어려서는 나라는 존재 가치를 전혀 모르기 때문이다. 그 존재 가치는 내가 아니라 나의 어머니가 될 것이다. 그와 같이 존재를 인지하지 못하는데 어떻게 '나' 인 자아(自我)라는 것을 인지할 수 있단 말인가. 적어도 내가 나를 인지할 수 있을 쯤이면 10년 정도의 세월이 흘러야 하는데, 그 10년도 아직은 자기를 알기는커녕 겨우 집 밖

일정한 거리에서 집을 찾아올 정도이지 그 이상은 아니다.

자기를 알기 시작할 때가 10대 후반쯤에 가능한데, 그때는 이성과 감성이 혼합된 상태다. 마치 금은 금인데, 흙과 광물질이 혼합된 그런 것쯤 되지 않을까. 이것은 이성의 범벅 시대라고 볼 수 있는데 그것은 진실된 나, 변하지 않는 나, 청정한 나와 변하는 나, 생멸을 일으키는 나, 분별하고 악함을 가진 나와 뒤섞여 있어서 올바른 가치 판단을 할 수 없다는 것이다. 그래서 20대에 접어들어서야 비로소 금이 온갖 모양의 금으로서의 찬란한 가치를 인정받게 된다.

이쯤 되면 나를 조금 알게 된다. 그렇다 해서 완전히 나를 알고 나를 정복하지는 못한다. 그러하기에 석가도 그 길을 갔었고, 예수도 그 고행의 길에서 자기와의 싸움에 십자가에 매달리는 어려움을 겪었으리라 생각해 본다.

오늘날 우리나라에서도 자기를 찾아 길을 떠나는 수행자가 많다. 그토록 자기를 찾아 길고 먼 여행을 떠나지만 과연 몇 사람이나 자기를 찾고, 자기를 알고, 자기를 버릴 수 있게 될까. 분명한 사실은 자기를 알지 못하면 자기를 버릴 수 없는 것이다. 자기를 알고 자기를 버릴 줄 안다면 그는 사람이면서 초월적 사람이 된다. 즉, 산을 보고 도를 얻었다고 봐진다. 보통 사람은 산을 보고 산과 함께 하고 산과 씨름을 하여도 도는커녕 산도 보지 못하는데, 산만 보고 도를 얻는 경지에 이를 수 있다면 그는 성현(聖賢)의 경지에 가깝다고 볼 수 있으리라. 무엇 때문에 자기를 버려야 하나 되묻는다면 마치 스스로는 목적지를 향하는 뗏목과도 같다. 뗏목은 목적지에 이르면 그것으로 뗏목의 역할은 끝난 것과 같기에 집착에서 벗어나야 한다.

우리가 자기를 알지 못하기 때문에 자기라는 것에 집착을 하고 자기 아집(我執)에 빠져 헤어나지 못한다. 그러므로 괴로워하고 슬퍼하고 분노하다 깊은 구렁텅이에 빠져 헤어나기 어렵다. 그때는 후회해도 어찌할 수가 없다. 병을 키워 약으로도 다스리기 어려운 데까지 간 것이다.

그래서 부처님께서 아상(我相), 인상(人相), 중생상(衆生相), 수자상(壽者相)을 버려라 하지 않았던가. "만약 보살이 아상, 인상, 중생상, 수자상이 있으면 보살이 아니니라." 하였듯이 진정 나를 알고 나를 찾으려 한다면 나를 버리는 것이다. 나를 버릴 수 있을 때 참 나를 얻을 수 있다. 나라는 생각, 나라는 아집, 나만이 가능하다는 고집 등을 다 버려라. 내가 나를 다 버리면 더 큰 나(大我)가 된다. 어려움에 처하면 처할수록, 살려고 하면 할수록 다 버릴 수 있어야 한다. 다 버릴 때 큰 것을 얻을 수 있다.

욕심 많은 개가 고깃덩이 한입 가득 물고서 또 다른 고깃덩이를 보고 짖다가, 입에 문 고깃덩이를 놓치는 것과 같다. 불경에 이르길 "어리석은 개는 흙덩이를 쫓아가지만 영리한 사자는 흙덩이를 던진 사람을 쫓아서 문다."라고 하였다.

승리하는 인생을 위하여

　인생은 흐르는 물과 같다고 하여 '유수 같은 인생'이라는 용어를 쓴다. 흐르는 물이 쉼이 없고 끊임이 없어서 그냥 흘러가듯, 우리네 인생도 그렇게 흘러간다. 여기서 인생을 그냥 흘러 보낼 것인가? 아니면 흐르는 물을 멈추게 해서 나의 유수, 나의 인생을 만들 것인가, 이것이 문제로다.

　인생을 승리로 이끌려면 우선 승리하는 삶을 선택해야 한다. 승리하는 삶은 그냥 올 수 없어서 부단히 자기 노력을 해야 한다. 인생을 승리로 이끌기 위해서는 끊임없는 자기 연마가 따라야 한다. 이것이 불가에서는 참선(參禪)을 통해서 가능한 것이고, 믿음을 가진 자는 기도와 명상으로 구원을 갈구할 것이다. 그러나 무엇보다 중요한 것은 승리하는 삶의 자기 목표가 뚜렷해야 한다는 것이다. 자기 목표가 뚜렷하지 않은 사람은 마치 가을 농사를 잘 거둬들였지만 그것을 어떻게 쓰고 활용해야 할지 잘 모르는 것과 같아서 반드시 먼저 목표를 세워야 한다.

자기 목표를 세우기 위해서는

나는 무엇을 할 수 있을까, 나는 무슨 일이 맞을까, 내게 주어진 체질과 특징은 어떤 것인가, 나의 생활 환경, 나의 주변 환경은 어떤가 하는 이런 모든 것을 생각해야 한다. 그러므로 하나하나 실천해 나가야 하는데, 실천에 있어 너무 서둘러도 얼마 가지 못하고 너무 느긋해도 진전이 없다. 그래서 일정한 리듬이 꼭 필요하다. 이것은 산을 올라 본 사람은 잘 알겠지만 마음이 급해 급히 오르다 보면 중간에 지쳐서 중도에 포기하지만, 마음에 준비를 잘해서 천천히 한 걸음 한 걸음 옮기다 보면, 어느새 정상에 우뚝 서 있는 것을 알 수 있다. 그러기에 인생이란 완숙한 장인이 악기를 잘 다루는 것과 같아서 조화로운 리듬을 타야 한다.

리듬이란 일에 있어서 완급을 조절하는 것만은 아니다. 현재 자기의 위치에 있어서, 가령 나이가 10대라면 10대의 꿈이 있듯 10대에 맞는 목표를 세워야 하고, 20대라면 20대에 맞는 목표를 세워야 한다. 3, 40대도 마찬가지다. 이것은 입는 옷에서도 알 수가 있듯이 어린아이는 빨갛고 노란, 알록달록한 옷들이 어울리지만 나이가 들면 점점 원색을 탈피하고, 늙으면 색이 옅은 옷을 입다가 죽으면 삼베, 모시, 명주, 무명 등의 무색 즉, 자연의 색을 입고 자연으로 돌아가는 것이다.

청소년기는 목표의 꿈을 설정하기에 앞서 무한 도전을 먼저 생각하고 실천하는 정신이 중요하다. 인생이 짧다 길다 말을 하지만 시간을 활용하는 사람이라면 시간은 많은 법이요, 시간을 활용하지 못하는 사람은 시간이 짧다. 그러하기에 청소년기는 시간에 조급하지 마라.

무엇을 성공한다기에 앞서 시작해 보는 것이 중요하고, 다시 일어서는 것이 중요하고, 다시 창조해 보는 것이 중요하다. 제아무리 뛰어난 두뇌와 의지를 갖췄다 해도 청소년기에 다 이룰 수 없고, 다 만족할 수 없기에 완성은 없는 것이다. 그러기에 조급함을 내지 말고 끊임없이 도전을 해보라.

인생의 완전은 없다. 그렇기 때문에 인생은 묘미와 가치가 부여되는 것이다. 물어보라. 그 어떤 사람도 당신의 인생에 진정으로 만족하느냐 묻는다면 만족을 못하는 사람이 많지만, 만족한다는 사람도 있을 것이다. 그러나 당신이 하고자 했던 일을 다 했습니까? 당신이 얻고자 함을 다 얻었습니까? 당신의 삶이 한 점도 부끄럼이 없습니까? 하고 묻는다면 그렇다고 할 사람은 거의 없을 것이다. 그러기에 성공한 인생이란 쉽게 정리하기 어렵다. 다만 이만하면 만족한다는 정도다.

사회적 동물, 인간

인간은 개별적 존재가 아니라 사회적 동물이기에 자기가 서 있는 그 위치가 어디냐 하는 것이 중요하다. 그래서 역사의 평가를 받는 인물이 힘 있다고 평가받는 것도 아니요, 남 앞에 군림했다고 평가받는 것도 아니요, 돈 많다고 평가받는 것이 아닌 것처럼, 인간은 지극히 공평해서 청소부도 역사의 평가를 받을 수 있고, 농사꾼도 그럴 수 있지만, 부단히 자기 개발을 한다고 해도 그 선택의 방향이 잘못 설정되면 그는 인생의 성공보다는 역사의 지탄을 받는 자가 되고 만다. 가령 정치하는 사람은 정치가로서 국민을 편하게 하는 것이 자기의 목표인데도 불구하고 돈 버는 일에 낀다면 그는 승리하는 삶이 될 수 없다.

신라시대 고승 자장율사의 예를 들어보자. 그는 신라가 삼국을 통합하는 데 김춘추와 더불어 큰 공을 세웠고, 나라의 스승인 국사가 되었다. 그는 당시 불교의 승려로서 계를 종(宗)으로 삼아 수행하신 대율사(大律師)였다. 그런 분에게 당시 선덕여왕이 왕의 바로 밑에 자리에서 국사를 도와달라고 했지만 그는 "계를 가지고 하루를 살지언정, 계를 파하고 백년 살기를 원치 않노라." 하였다. 바로 이 대목이 승리하는 인생의 한 단면이다. 만약 그가 계도 버리고 수행자의 신분도 버리고 권력의 정점에 서서 부귀와 군림의 삶을 살았다면 순간의 삶은 좋을지 몰라도 영원한 삶은 아닌 것이다. 그랬다면 후세에도 그를 평가하지 않았을 것이다.

승리하는 삶

그러므로 승리하는 인생은 어떤 것인가. 그것은 오늘 내가 서 있는 이 자리에서 최선을 다할 때 인생의 승리가 있는 것이다. 그런 모습을 자기 길을 가는 장인에게서 곧잘 볼 수 있는데, 그들은 그가 세우고 기획하는 모든 것에 자신의 인생을 건다. 그러기에 그들은 역사의 평가를 받게 된다. 다시 말하자면 인생을 길게만 산다고 다 행복한 삶이요, 만족한 삶이요, 성공한 삶이 아니듯이, 인간은 누구나 한 번 나서 한 번은 돌아간다. 그 돌아가는 시점에 연연하지 말고 오늘의 이 자리에서 최선을 다할 뿐이다. 종교인은 종교인의 위치에서, 정치가는 정치하는 위치에서, 기업가는 기업가의 위치, 교육자는 교육자의 위치에서다.

근면하라

자신의 위치에서 승리하는 인생을 얻으려면 게으르고 눈치보고 피

해서는 안 된다. 이것이 나에게 주어진 이상 최선을 다한다는 생각으로 임해야 한다. 내가 처음 절간에 들어왔을 때 적잖이 놀랐다. 스님이 되기 위한 과정이 그렇게 힘든 것은 제쳐두고 스님들은 아침에 출근을 하는 것도 아닌데 왜 이른 새벽에 일어날까? 하는 생각을 했었다. 그것이 언제부터인가를 묻는다면 아마도 코와 눈, 입, 귀 등이 자기 역할의 중요성에 비해 눈썹은 별 하는 일 없이 상석(上席)에 있다 하여 불만을 드러내니, 눈썹의 입장에서는 잘은 모르지만 조상 대대로 이 자리를 지켜왔다고 하는 것과 같을 것이다. 누가 어떻고, 왜를 떠나 이른 새벽 정신을 가다듬고 자기 성찰을 하고 자기 수행을 해서 돌아가는 수행의 환경이 오늘날 한국 불교가 현재와 같이 존속되는 계기가 될 수 있는 것이다.

승리하는 삶은 결코 쉬운 일이 아니다. 승리하는 삶은 승리하는 마음 자세가 필요하니 앞서가는 사람을 끌어내리려는 마음을 버리고 그들의 좋은 점은 흠모하여 따르라.

조건 없는 사랑

참된 사랑은 조건이 없어야 한다.
사랑할 때 오직 사랑할 뿐
그 이후를 생각하지 마라.

사랑은 주고받는 것 같지만
진정한 사랑은 주고받는 것이 아니다.
그저 한없이 줄 뿐이다.

사랑하는 사람이 힘들 때면
조건 없이 측은지심(惻隱之心)을 내라.

그러므로 사랑은 진실된 것
사랑이라는 이름으로 속이려 들지 마라.

사랑을 빙자한 유혹은
사랑을 빙자한 인간 사기꾼이다.

사랑하기에 행복할 수 있었고
사랑하기에 인생을 알 수 있었다.
그러기에 사랑은 영원한 것
영원하기에 내일을 기약할 수 있었다.

— 『사랑의 완성을 위하여』에서 발췌

새벽을 열어라

자기를 성취할 수 있다

새벽은 아침을 맞이할 준비인 것이다. 그리고 자연의 궤도가 침묵 속에서 준동하는 때다. 가장 자연스러운 삶은 해가 뜨면 시작하고 해가 지면 거두는 것이다.

요즘 사람들이 많이 외치는 웰빙(Well-being)은 그들의 필요성에 따라 들고 나오는 피켓 시위 정도에 지나지 않을 뿐, 그들은 실천하는 정신이 부족하다. 해가 뜨는 것은 온 누리가 광명 천지가 되는 것인데, 우리들은 광명 천지의 환희를 무감각으로 받아들인다. 이는 별천지에서의 일이 아니라는 것을 보이는 곳이 있으니 북극으로 가면 밤과 낮이 몇 달씩 교차하는데 그것은 사람들에게 광명의 소중함, 어둠과 빛들을 말하고 있는 것이다.

그러하기에 빛을 보고 환희하면서 하루를 열심히 시작하고 광명이

사라질 때면 거두고 쉬어야 한다. 그러나 오늘날 현실에서는 자연의 섭리에 반하는 삶을 살고 있다. 해가 뜬 지가 얼마인데 아직 환희하는 정신을 갖지 못하고, 해 떨어진 지가 언제인데 거두지 못하니 오늘의 인간상은 자연의 섭리에 반하는 것이다.

사찰에서의 일상을 한번 보자면 도량에 들어서면 늘 깨어 있으라는 나무 고기(木魚)의 형상이 눈에 들어온다. 그것을 보지 못하는 사람이라도 전각 추녀 끝에 매달린 고기 모양의 풍경(風鏡)은 보았으리라.

이러한 도량에 새벽이 오면 스님들은 기상을 하게 되는데, 제일 먼저 맑은 물에 세수하고 울리지 않는 발걸음으로 조심조심 법당 앞에서 목탁을 울린다. 점차로 소리를 올리며 발걸음도 크게 옮기게 된다.

이렇게 하는 까닭은 온 누리에 쉬고 잠자는 유정(有情), 무정(無情)의 세계에 광명이 열림을 알리는 것으로, 갑자기 큰 소리를 내면 만물이 놀라게 된다. 그래서 놀라지 않게 하기 위해 발걸음도 조심조심하다가 목탁소리가 크게 울리고 나서야 비로소 큰 걸음으로 기침 한 번이라도 할 수 있는 것이다.

그래서 스님들은 목탁소리, 종소리 듣고 기상하여 불전(佛前)에 예불하기 전에는 서로 소리 내어 인사하지 않는다. 시방(十方)에 충만한 불보살에게 예불을 마치고 나서야 비로소 서로 인사를 하게 된다.

이렇게 시작하여 하루를 시작하는데, 내가 머무는 곳에서는 아침은 5시 50분, 점심은 11시 50분, 저녁은 6시 50분에 공양을 한다. 원래는

26

10분 전이 아닌데, 10분의 여유를 줘서 그 10분 사이에 공양을 가능
하게 하기 위함이다. 내가 머무는 이곳은 모두가 시간을 너무 철저히
사용해서 아침, 점심, 저녁 할 것 없이 50분이 공양 시간으로 굳어져
버렸다. 그러다 보니 자연히 조금만 시간이 늦어지면 공양을 하지 않
는다.

아침은 하루의 시작이다. 모든 사람들이 인생을 성공으로 이끌기
바라지만 성공하지 못하는 사람이 많다. 그것은 준비가 부족한 탓이
다. 준비가 부족한데 좋은 결과를 기대하지 못하는 것은 당연한 것,
그래서 아침은 하루의 준비다. 하루를 잘 준비하는 사람은 일찍 잠에
서 깬다. 일찍 깬 사람이 일찍 자기 일을 성취할 수 있다.

물론 일찍 깨기 위해서는 일찍 잠을 자야 한다. 시간을 딱 정하기는
어렵지만 특별한 경우가 아니라면 자정을 넘기지 않는 것이 좋다. 자
정은 또 하나의 변화하는 시점이다. 그래서 어떤 사람은 수차력(水借
力, 물로써 힘을 얻음)을 얻기 위해 자정수를 먹었다 한다.

자기를 성취하지 못한 사람은 아침이 없는 사람이고, 자기를 성취
한 사람은 아침을 활용한 사람이다. 이렇게 아침은 하루의 포인트로
서 매우 중요하다. 매우 중요하기에 좋은 아침이고 좋은 아침이 좋은
하루가 된다.

그대가 성공하고 싶다면 남보다 더 일찍 아침을 열어라. 아침을 크
게 여는 만큼 당신은 자신을 성취할 수 있다.

누구나 사람들에게 공통점이 있다면 '새로움' 일 것이다. 새로움은

아침에 가능한 것이지 나머지 시간은 별 의미가 없다. 그러니 아침 시간을 귀하게 여겨라. 활기찬 아침이야말로 기동(氣動)찬 하루가 될 것이다.

심외무물 (心外無物)

마음 밖에 물질은 없다는 말로서 증도가(證道歌)에 나오는 말이다. 물질보다는 정신의 중요성을 강조한 말이다. 달마 혈맥론(血脈論)에는 "마음 밖에 부처가 없다(心外無佛)"는 말을 하고 있는데, 이것 역시 인간의 주체는 마음이라는 것을 말한다.

부처님께서는 금강경에서 누누이 물질이 아무리 가치가 있고, 그 공덕이 한량이 없다 할지라도 정신의 공덕에 미치지 못함을 강조하고 있다. 부처님께서 "수보리야, 네 뜻은 어떠하냐? 만약 어떤 사람이 칠보(七寶)로써 저 항하사(恒河沙, 인도 갠지스 강의 모래)만큼의 보시를 행한다면 그 공덕이 얼마나 되겠느냐?" 하니, 수보리가 크다고 대답을 하게 되는데, 부처님께서는 "차경(금강경)의 사구게(四句偈) 등을 수지독송(受持讀誦)하고, 또 남을 위해서 연설한다면, 저기 칠보로써 그렇게 많은 보시를 행한 것보다 더 수승하니라." 하였듯이 물질의 세계는 한계가 있지만 정신의 세계는 한계가 없음을 말함과 동시에 그것보다 더 수승하다는 말로 정신을 강조하신 것이다.

　그러므로 나의 달마상에 화제로 많이 쓰는데, 사람이 이 땅에 발을 딛고 선 이상, 현실을 살 수밖에 없는데, 인간은 남녀노소를 가릴 것 없이 그 욕심이 끝이 없어서 인생을 산다는 것보다는 물질을 따라 사는 것이요, 나라는 존재의 가치보다는 물질 속에서 나를 찾고, 물질과 더불어 하나로 동화되어 가니, 마치 청산에 자욱한 안개가 깔리어 무엇이 청산인지, 안개인지 구분이 되지 않는 것처럼 오늘 우리들의 삶이 바로 이와 같다.

　여기 한 고승의 글을 싣고자 하는데 그의 자호가 무의자(無衣子. 1178~1234)다. 그는 고려 왕실의 왕자로서 출가해서 얼마나 초연한 삶을 살았는지 그의 시 '유산(遊山)'을 통해 알 수 있는데, 그는 뒤에 국사가 되었다. 호는 진각(眞覺)이다.

臨溪濯我足　임계탁아족
看山淸我目　간산청아목
不夢閑榮辱　불몽한영욕
此外更無求　차외갱무구

개울가에서 발을 씻고
산을 쳐다보며 눈을 맑히며
부질없이 영욕을 꿈꾸지 않아
이밖에 다시 무엇을 바라겠나.

이 글귀를 보면 얼마나 초연한 삶을 살았는지 짐작할 수 있는데, 사람들은 태생적 한계인지는 몰라도 내 것을 챙기는 것은 당연한 것이고, 내 몸에 작은 티끌 하나라도 침범하는 것을 용납할 수 없음도 당연한 것이고, 나아가 내가 저들을 이기고 무너뜨려야 한다는 생각의 바탕이 잠재되어 있다. 그렇기 때문에 남이야 어떻게 되든지 내 알 바가 아니니 마치 강 건너 불구경하듯 하면서 스스로의 행복을 구한다. 행복! 행복! 하지만 행복해지길 바라는 것을 나쁘다 할 수는 없어도, 행복을 외치는 자여! 행복을 외치는 만큼 당신은 욕심이 많다고 할 수 있다. 보라, 세상엔 얼마나 고단한 삶을 영위하는 자가 많은지. 그대가 경험하지 않으면 그것을 알 수 없다. 그래서 공통된 인간상이 있는데, 한번 생사의 갈림길에 서 본 사람은 자기에게 주어진 삶이 얼마나 소중한 것인가를 알게 되고, 그러므로 자기에게 주어진 여생은 덤으로 생각하며 스스로의 행복에 앞서 남의 슬픔을 먼저 생각하게 된다.

세상은 변화하고, 세계는 운동하고 있다. 또한 이 우주는 자전과 공전을 하며 돌고 있다. 그러는 가운데 지구촌도 변화하여 한 바퀴씩 돌고 있으니, 서양이 물질 문명의 극에 이르렀다면, 동양은 이제 시작이라 볼 수 있는데, 앞서가는 서양은 인간의 본 모습을 찾으려고 부단히 노력을 하는 가운데 자연 회귀 사상이 그들의 일상이 되는 데 반하여, 동양의 사람들은 인간의 욕심의 한계가 어딘가 하는 것을 찾기라도 하듯 물질 제일주의를 지향한다.

물질의 상징이라 할 수 있는 다이아몬드를 보자. 다이아몬드는 강하기도 하고 그 빛은 어디에도 견줄 수 없을 정도로 찬란하지만 그것은 인간의 필요성에 따라 쓰이는 무정(無情)으로 그 자체는 생명이 없는 죽은 형체에 불과하다. 하물며 종이로 만든 돈이야 말해서 뭣하겠나? 다이아몬드는 그 빛만큼 사람의 마음을 어지럽힐 뿐이다.

영국이 한때 인도를 지배하였다. 그때 영국인을 포함한 서양인들이 아프리카 등에서 다이아몬드나 홍보석을 찾았지만 그들은 그것을 버렸다. 결코 힘이 모자라 버린 것은 아니다. 그것이 제아무리 귀하고 값진 보배라 할지라도 생명력을 지닌 인간의 마음만한 가치는 되지 못하다는 것을 그들은 알기에 그들은 그것을 버렸고, 그들이 말하기를 자국의 유명한 극작가 셰익스피어를 인도 땅과 바꾸지 않겠다고 선언을 했다.

그러하기에 심외무물이고, 이 심외무물을 강조함은 물질의 속임수에 속아 마음을 잃을까 두려워하기 때문이다. 이것은 옛날 어느 예언자가 길을 걷다 목숨이 위태로운 사람을 만나게 되는데, 이때 예언자는 사람을 살려야겠다는 마음으로 그에게 일러준다. "당신이 살려면 당신 집에 숨겨놓은 엽전을 내다 버리시오." 이 말을 듣고는 처음에는 반신반의하다가 집 안을 샅샅이 뒤지는 중에 마당 한구석을 파보니 과연 엽전 꾸러미가 나오게 되자, 살아야 한다는 마음으로 엽전 꾸러미를 들쳐 메고 집 밖으로 나가 한참 걷고는 예언자의 말대로 그냥 내던졌다. 그 후 조금 시간이 지나니 한 나그네가 길에 떨어진 돈 꾸러미를 발견하고 주워 갔는데, 그렇다면 그 돈을 주은 사람은 어떻게 되었을까? 돈을 버린 사람의 목숨을 주은 돈으로 대신하지 않을까 생각할 수도 있고 그렇지 않을 수도 있을 것이다. 버린 사람은 그것이 귀중한 줄은 알지만 생명을 구해야겠다는 마음으로 그것을 버렸다.

내가 예전에 바랑을 메고 여기저기 옮겨 다니며 수행을 하던 차에 주역을 공부하는 노인을 만났는데, 그 노인의 말을 인용하자면, 한 사람을 살리려 한다면 하나의 생명을 죽여야 한다는 말을 듣게 되었다. 그렇다면 사람을 살리기 위해 사람을 죽여야 하느냐고 반문을 했더니 그때 노인이 앞에 보이는 소나무를 손짓하며 저 나무를 하나 베어버릴 수도 있다는 말을 했다. 아무리 생각을 해봐도 수긍이 가지 않는다. 사람을 살릴 수 있다면 나무 한 그루가 아니라 열이고 백이면 어떻겠나?

우리의 주변에도 흔히 볼 수 있는데, 가령 암이라 하자. 어떤 사람은 암에 걸려 시한부 인생을 사는가 하면 어떤 사람은 치료를 잘해서 더욱 건강한 삶을 영위하지 않던가? 그러니 노인이 말하는 것이나 앞서 예언자가 말하는 것이나 각기 필요에 따라서 받아들이고 버릴 뿐이지 가타부타할 것은 못 된다.

제아무리 술을 부려도 마술은 마술이지 그것이 현실은 아니다. 그렇지만 술을 부릴 줄 모르는 사람도, 예언자가 아닌 사람도 어느 날 예언자가 되고 술사가 되기도 한다. 그것은 우연히 맞아떨어진 것이다. 마치 한창 봄 기운이 무르익는 땅에 내일이면 이곳에 생명이 돋아난다고 했는데 다음날 파란 촉이 나온 것처럼 인간의 삶이란 하도 오묘해서 짐작하기가 어렵다. 이와 같이 오묘함을 느끼게 하는 것이 인간의 마음 작용이다.

사랑의 완성을 위해

사람은 세상에 태어나서 사랑을 받는 것으로 인생의 첫걸음이 시작된다. 어머니가 자식을 위해 헌신하는 것은 헌신이 아니다. 만약 자식을 위해 헌신한다는 마음을 내면 그 헌신은 오래가지 못한다. 어머니의 사식에 대한 성은 본능에서 나오는 사랑이다. 그러기에 그 사랑은 영원하고 영원한 것이다.

이러한 사랑을 상징하는 것으로 한자가 만들어질 때 '인(人)' 자가 바로 그것인데, 인이란 서로 의지하고 받쳐 주는 것으로 어떠한 종교이든 교육이든 그 근본 바탕은 사랑이다.

그러하기에 사랑이 결여된 가정이나 사회는 존재할 수 없지만, 설사 존재한다 해도 그것은 잠시뿐이다. 도교(道敎)의 무극(無極), 무위자연(無爲自然)도 그 근본은 다 사랑에 있다. 유교의 '인(仁)' 도 사랑이요, 기독교의 근본도 사랑이요, 불교도 마찬가지다.

어떤 것이 진정한 사랑이냐? 물어온다면 사랑이라는 단어를 떠올리며 생각을 해봐야 한다. 사랑이라는 단어를 모르는 사람은 없지만 사랑이란 너무도 본질적이고 포괄적 개념이라 과연 사랑이라면 무조건 다 사랑이 될 수 있느냐 하는 것이다. 다만 사랑이라는 것은 어머니가 자식을 위할 때 헌신한다는 마음을 넘어 무조건 보살피고 베풀고 거두는 것인데, 오늘날에 있어 사랑의 정의를 잘못 전가하는 것이 있다. 가령 부모와 자식의 사랑은 무조건적인 사랑이다. 그것도 본능에서 비롯된 사랑이기에 진정한 사랑이라 한다면, 남자와 여자가 만나 나누는 사랑은 사랑이지만 진정 순수한 사랑이냐라고 한다면 많은 의문점이 제기된다고 본다. 왜냐하면 그런 사랑은 부모와 자식처럼 무조건적인 사랑은 아니기 때문이다. 이 말은 부모 자식 간의 사랑은 본능에서 나오는 사랑이기에 진정한 사랑이지만 피 한 방울 섞이지 않은 남녀의 사랑은 이와는 달라서 이성적(異性的) 충동에 의한 욕정이다. 물론 그런 사랑도 사랑이라면 아니라 말할 수 없지만 남자와 여자라는 이성 때문에 일어나는 동물적 욕구 본능에 가깝다.

"사랑에는 국경이 없다"라는 말을 하는데, 이 말은 수긍이 된다. 동물의 사회를 보면 자기 종족을 퍼뜨리려는 본능이 거리와는 전혀 관계가 없이 수천 리가 되든 수만 리가 되었든, 가능한 것이지만 욕구 충동이 일어난다고 해서 그것을 사랑이라는 것으로 포장을 한다면 그것은 위선(僞善)이다.

적어도 피 한 방울 섞이지 않은 상태에서의 만남은, 동물의 종족 보존 본능의 발로이기에 그것을 사랑이라 한다면 사랑의 본질과는 다를 수 있다. 물론 사랑이 아니라고 단정짓는 것은 아니다. 다만 사랑은 본능에 더 가깝고, 핏줄에 더 가까운 것이지, 이성(異性)에 더 가깝다고 보지는 않는다.

그렇지만 이성을 배제하는 것은 아니다. 세상은 남녀가 서로 만나는 데서부터 존재의 기반을 마련하기 때문이다. 그렇다 해서 남녀의 만남을 사랑이라는 단어를 꼭 써야 하는가? 쓰지 않는다 해도 무엇이 안 되는 것은 아니다.

그러하기에 이것이 사랑인지, 욕구 충동인지를 먼저 알아야 한다. 이것은 주체인 자기 자신도 그렇고 객체가 되는 상대도 마찬가지다. 우리의 만남이 과연 진실한 만남인가? 서로의 욕정을 불태우기 위해 만남이 이루어진 것은 아닌지 생각해 봐야 한다는 것이다.

사회가 커지고 문화가 발달하면 할수록 이런 일은 얼마든지 일어날 수 있다. 동물들은 이성이 한번 만나서 이루어지면 종족이 이루어진다. 그러나 사람은 남녀 공히 서로가 만나 자기의 종족이 이루어지기까지는 수많은 이성을 만나고 헤어지고 하는 것을 반복하다가 어느 순간 함께 영원을 약속하고 종족을 만들게 되는데, 나와 상대 모두가 이것이 진정한 사랑인가를 알아야 한다. 사랑은 순간이기도 해서 때로는 스쳐 지나는 바람일 수도 있어서 자기의 정신을 잠시 망각시키는 달콤한 향기일 수도 있다는 것이다.

그러므로 먼저 만나면 서로를 알고 서로를 이해해야 하는데, 쉽지는 않지만 잘 살펴야 한다. 이것이 사랑인지 일시적 불장난인지 알아야 하고, 참된 사랑은 조건이 없어야 한다. 사랑은 주고받는다는 것보다는 어머니가 자식을 위해 헌신한다는 생각, 다음에 돌려받는다는 생각 모두를 떠나 그저 주고만 싶어서 주는 것같이 조건 없는 사랑을 해야 한다.

조건이 없다는 것은 오직 그를 위해 배려하는 마음으로 그가 쓰러지면 그의 손을 잡아 일으켜줄 뿐이지 이것저것 다 생각하면 사랑이라 할 수 없다. 그러기에 사랑의 조건은 베푸는 것이고, 조건 없이 어루만지는 것이고, 조건 없이 측은지심(惻隱之心)을 내는 것이다.

그가 조건이 좋은 것 같아서 사랑을 했다면, 그가 조건이 안 좋아지면 그를 버린다. 이것이 오늘날 우리 사회의 한 단면인데 이런 것도 사랑이라 할 수 있느냐 하는 것이다. 이것은 사랑이 아니라 이성으로 상대를 유린한 것이요, 한 발 더 나가면 인간 사기꾼이다.

그러하기에 사랑이라는 용어를 함부로 사용하지 마라. 후회하게 된다. 사랑이라는 용어를 쓸 때면 그를 진정 사랑하라. 내가 사랑하는 사람이 쓰러질 때면 측은지심으로 그를 다시 일으켜 세워라. 그것이 진정한 사랑이고 사랑의 완성이다. 단 한 번의 시련도 다툼도 없는 사랑을 바란다면 그것은 지극히 어리석은 사람이다. 세상은 온갖 더러운 것이 모이고, 쌓이고, 썩고 하면서 세상을 열어간다.

만약 그대가 진정으로 깨끗하고 완결된 것을 좋아하고 사랑한다면 먹지도 말고, 그 어떤 행위도 하지 마라. 과연 그렇게 살 수 있겠나? 사람은 먹어야 하고 먹으면 뱃속에서 삭혀야 하고 삭히면 냄새나는 똥이 만들어진다. 그 똥이 더럽긴 하지만 더러운 그것이 깨끗함을 만들어낸다.

그대 집 앞에 작은 뜰이 있다면 보라. 푸르고 싱싱하게 자라난 화초며 채소를 볼 수 있을 것이다. 그것이 그렇게 되기까지는 온갖 더러운 물질이 썩고 삭아서 거름이 되어 푸르고 싱그러운 결과를 만들어내는 것처럼 자연이 순환하면서 새로운 세상의 모습을 유지하는 것은 더럽고 시들고 퇴색되고 변해가는 것이 있기 때문이다. 그러니 영원함을 너무 믿지도 말고 그것을 바라지도 마라. 세상은 그 무엇 하나 영원하다고 할 것이 없는데, 내가 사랑하는 사람을 처음 대할 때처럼 그에게 그것을 바란다면 얼마나 어리석은 생각인가. 남이 더럽다 하기 이전에 내가 더럽다는 것을 먼저 생각해야 하고, 남을 보고 늙었구나 하기 전에 나 자신의 늙음을 먼저 생각하라. 세상은 지극히 공평하여 누구든 나면 죽고, 만나면 헤어지는 것, 그리고 아픔이 따른다.

세상에 제아무리 고통이 없고, 슬픔이 없다 한들 제 부모 죽는 모습을 안 볼 수는 없을 것이고, 또 그 모습을 보면서 슬프지 않다면 그는 인간이 아니다. 그러하기에 인간의 삶이 시작되는 순간 인간은 사랑하게 되고 사랑하기에 미움이 있고, 미움이 있어 갈등과 고통이 따른다. 나아가 늙음이 찾아오면 지난날들을 되돌아보게 되고 세상이 허무하다는 것을 알게 된다.

그러므로 완전한 사랑은 없다. 완전하다 아니다 하는 것은 그대 마음에서의 정의일 뿐이다.

맑은 정신의 행복

절간에 가면 스님들이 치는 목탁과 목어가 달려 있는 것을 볼 수 있을 것이다. 이것은 나무 고기로서 물고기는 늘 눈을 뜨고 있기에 수행하는 사람은 늘 이와 같이 수행해야 한다는 뜻으로 나무로 고기를 만들어 메달아 놓고 두드리고, 손에 들고 치고 하는 것이다.

이렇듯 늘 깨어 있는 정신, 다시 말해서 맑은 정신이 바로 지혜(智慧)인데, 불가에서의 지혜는 맑은 정신이요, 맑은 정신은 어리석음에서 벗어나는 지름길이 된다. 이런 정신이 오롯하므로 해서 탐(貪), 진(嗔), 치(痴)를 극복할 수 있는 것이다. 탐진치란 무엇인가? 탐내는 것, 성내는 것, 어리석음이다. 탐내는 것도 정신이 맑지 못한 데서 비롯한 것이요, 성내는 것도 정신이 맑지 못해 일어나고, 어리석음은 더욱 그렇다.

우리가 어떤 중요한 일을 결정을 함에 있어 맑은 정신으로 판단해서 결정을 했어야 하는데 그 정신이 맑지 못하고 흐려 판단을 제대로 하지 못해 후회하는 일들이 왕왕 있다.

결국 불가에서 참선(參禪)을 하고 경학(經學)을 하고 불전에 예배드리고 108배를 하고, 나아가 삼천 배를 하는 이 모든 것이 지혜를 얻기 위함이라고 할 수 있다. 지혜를 얻지 않고 바로 견성성불(見性成佛)을 할 수는 없기 때문이다. 그러한 지혜가 맑은 정신에서 나오는데, 죄무자성종심기(罪無自性從心起)라, 죄라는 것은 본시 뿌리가 없어서 마음을 좇아 일어난 것이기에 마음을 잘 다스려 한다는 뜻이다. 마음을 잘 다스리면 죄는 그냥 소멸된다. 죄란 실체는 없는데 죄란 놈을 어디서 찾을 것이며, 어떻게 버리고 취할 것인가. 그저 마음으로 죄를 만들지 말아야 한다. 그렇지만 인간이 살아가는 데 있어 항상 그림자처럼 따라다니는 것이 이 죄다. 이것을 극복하는 처방이 있다면 그것은 곧 맑은 정신을 가지는 것이다. 이 맑은 정신은 어리석음으로 벗어나는 것이요, 어리석음이 없으면 자아(自我)를 알 수 있고 자아를 알 수 있을 때 인생을 성공적으로 이끌 수 있다.

일찍이 프로이트(Freud, Sigmund 1856~1939)는 인간의 모든 죄는 이드(id) 즉, 본능에서 비롯된다고 보았는데 우리 불교에서는 미혹(迷惑)이 죄를 짓게 한다고 여긴다. 미혹이란 곧 어리석음인데, 이 어리석음을 벗어난 사람은 맑은 정신을 가진 사람이다. 그렇다면 맑은 정신은 어디서 나오는가? 맑은 정신은 그저 오는 것도 아니요, 태어날 때부터 가지고 나오는 것도 아니다. 스스로가 맑은 정신을 가지기 위해 부단히 노력해야 한다.

좀 더 이해를 돕고자 한다면 어린아이는 완전하지 못하다. 그의 천진난만한 그것만 가지고 맑은 정신이라 할 수 없다. 어린아이는 부모로부터 끊임없이 정신을 이어받는다. 그렇지 않으면 그 아이의 장래

40

를 보장할 수 없다. 어린아이는 천진하기에 남을 해하는 마음은 없을 지라도 아직 덜 깨어 있어서 마치 예리한 칼끝에 붙어 있는 꿀맛에 자기 혀가 베는 줄도 모르고 입을 대는 것과도 같다. 좀더 심하게 순자 (荀子)의 관점으로 보면 부모의 정신적 교육을 받지 않으면 그 아이는 커가는 과정에서 사람이 아니라 악마도 될 수 있다는 것이다.

그렇다면 어떻게 맑은 정신을 가질 수 있느냐? 우선 정신을 도모해야 하는데, 가령 어떤 것을 하나 취하려 한다면 내가 가지고 있는 하나는 버려야 한다. 하나를 버리지 않고 하나를 취하려는 것은 탐욕스러운 마음이기에 어리석음만 더해질 뿐 맑은 정신하고는 거리가 멀다. 국어 공부하는 사람이 영어를 떠올리면 국어도 안 들어오고 이미 알고 있던 영어도 흐트러지게 된다. 국어를 공부할 땐 오직 국어만 생각할 것이지 딴 생각을 하면 안 된다. 그렇게 함으로 해서 정신을 가다듬게 되는데, 정신이 이와 같음을 생각할 때 일정한 자기 개발 운동이 필요하다는 것이다.

자기를 개발하고 정신을 맑게 가지기 위해서는 정신을 모으는 힘을 길러야 하는데 수행하는 스님들 같으면 참선을 하고, 경을 보고, 염불 (念佛)을 함으로써 자연히 정신이 맑아질 수 있지만 사회에서는 그렇지 못하다. 그러하기에 사회 사람들은 책을 잘 읽는 것도 맑은 정신을 가지는 힘이 된다. 책을 읽으며 일체의 생각을 놓아 버려라. 오직 책에 나오는 내용에 빠져들 뿐이지 글을 보면서 다른 것을 생각하지 마라. 만약 다른 생각이 나면 책을 잠시 덮고 다른 생각을 마치고 나서 책을 볼 것이다.

정신이 맑지 못한 사람들은 책을 보면 글이 들어오지 않는다. 책을 보며 책장을 넘기기는 하는데 무슨 내용을 읽었는지 하나도 떠오르지 않고 자연히 남는 것도 없다. 이런 사람은 정신이 맑지 못하기 때문에 책을 펼치는 순간 눈이 어지럽고 정신이 혼미해져서 곧, 수마(睡魔, 잠)에 빠진다. 그래서 책을 잘 보는 사람은 정신이 맑은 사람이다. 정신이 맑다는 것은 곧 마음이 편하다는 뜻과도 같다. 마음이 편하지 못한 사람, 마음에 번뇌가 들끓는 사람, 마음에 탐욕이 많은 사람, 또 애욕에 탐착하는 사람, 이런 사람은 정신이 맑지 못하다. 정신이 맑지 못하기에 책을 볼 수가 없다.

그러므로 나는 늘 책을 가까이 하라고 이른다. 책을 가까이 하는 사람은 정신이 맑고 편해질 수 있기 때문이다. 물론 요즘은 웰빙 바람이 일어 가정에서도 108배를 많이들 한다고 한다. 이런 108배도 정신을 맑게 하는 데 좋은 방편이 된다. 108배를 하는 정신은 그 어떤 운동보다 정신을 도모하는 몸 운동이라 할 수 있다. 이왕이면 그냥 신체만 단련할 것이 아니라 정신까지 맑게 한다면 이 이상 더 좋은 것이 어디 있겠나?

내가 처음 펴낸 책이 『너는 금생에 사람 노릇 하지 마라』라는 책인데, 한 3년 전 일이다. 이 책을 문광부의 모 장관이 읽고는 나에게 차라도 한잔 하자고 초대하여 서울 가는 길에 그의 집무실에 가게 되었는데, 장관이 말하길 집에서 매일 108배를 한다는 것이다.

성공한 삶을 살고자 한다면 끊임없이 자기를 성찰해야 할 것이다. 자기를 성찰하지 못하고서야 어찌 남을 이해할 수 있겠는가. 늘 자기를 돌아보고 스스로의 정신을 맑게 해야 한다. 자기를 돌아보지 않는 사람이 남을 탓하고 자기 한탄만 한다면 그 사람은 영원히 진일보된 삶을 영위할 수 없다. 적어도 나는 무엇이 된다, 무엇이 되겠느냐에 앞서 스스로 맑은 정신, 행복한 마음을 가질 수 있느냐, 그러므로 행복해질 수 있느냐? 그것을 먼저 생각할 수 있는 사람은 행복한 사람이고 성공한 사람이다.

여기서 더 무엇을 바라겠나? 불안하고 위태로운 자리를 억지로 유지시키려는 것보다는 나에게 딱 맞는 의자에 앉아 편히 책 한 권을 읽을 수 있는 여유로움, 이것이 행복이 아니고 무엇이겠나.

논스톱을 좋아하지 마라

　사람이 세상에 태어나서 살아가는 것을 인생이라 하고, 태어나서 임종할 때까지를 일생이라 한다면, 오늘 살다 내일 죽어도 일생이요, 백년을 살다 죽어도 일생이다. 다만 일생이라는 어원을 같이 쓰지만 내용은 천지 차이다. 하루를 살다가 간다면 말이 일생이지 일생이라 할 것도 없고, 10년을 살았다 해도 일생이라 할 수 없다. 그것은 사람의 기본 수명이 그렇거니와 사람은 동물하고 달라서 10년이라고 해도 이제 두발로 걸어 다니고, 사물을 인지하고, 적당한 거리에서 제 집을 찾을 정도이니 당연히 일생이라는 말은 맞지 않다.

　이에 반해 동물이나 곤충들은 다르다. 하루살이는 하루가 일생이다. 그리고 동물도 10년 정도면 일생이라 할 만한 동물도 많다. 그렇지만 사람은 세상에 태어나 몇 달을 바닥에서 긴다. 돌봐주지 않으면 곧 죽는다. 극진히 보살펴서 10년을 키워도 불안하다. 적어도 자기가 자기 스스로를 판단할 양이면, 20년의 세월은 가야 한다. 그러나 20

년이라는 세월은 머리 좋고 영특한 사람으로 태어나서도 그 가치를 다하지 못하다가 20년의 세월을 바탕하고서 비로소 사람의 역할을 하는 것이다. 그러니 그 어떤 생태계에도 사람만큼 많은 준비 기간을 요하는 것은 없다. 그래서 불교에서는 닦아야 한다고 외치고 있다. 왜 닦아야 되느냐? 가령 어린아이가 천진난만하니 조금 살다가 죽었다 치자. 일반인들이 볼 때는 천진난만해서, 죄를 짓지 않아서, 이 아이는 좋은 세상에 태어나겠지 하는 생각을 하는 데 반해, 불교에서는 스스로가 스스로를 알지 못하고 갔기 때문에 인도 환생은커녕 중도(中道, 中陰神)에 머물러 있게 된다고 본다. 좀더 종교적으로 본다면 자기의 영식(靈識), '자아(自我), 불성(佛性)'이 매(昧)하여 좋은 국토나 인도 환생은커녕 곧바로 지옥에 떨어진다는 말이다. 이렇게 자아를 보지 못하고 자기의 업(業, karma)을 닦지 못하고 갔기 때문에 후인들이 이 영혼을 위하여 더 많은 공덕을 베풀게 되는데 그 예로 49재가 이에 해당된다.

이렇게 인간이란 업의 굴레에서 인간의 몸으로 환생하였기에 늘 업이라는 그림자가 따른다. 그러하기에 인간은 완전을 기약할 수 없다. 만약 인간이 완전한 동물이라면 부족함이 없이 살아야 하고 설사 부족함이 있다 하더라도 업그레이드하면 해결이 되어야 하는데 인간은 업그레이드가 잘 안 된다. 우리가 쓰는 속담에 "세 살 버릇 여든 간다."는 말이 그것을 말하고 있다.

그러하기에 우리들 인간의 삶이라는 것이 어려울 때는 부모의 도움을 받아서 몸을 보전 받으니 스스로 삶이라 할 수 없고, 나이가 들어서는 스스로의 삶을 영위하기는 하는데 너무도 가혹한 삶이 되기도 한다. 물론 쉬운 말로 하자면 전생의 빚이 적고, 복이 많아서 큰 어려움 없이 삶을 영위하는 경우도 있겠지만 대체로 인간은 업력 때문에 편한 삶을 살기가 어렵다.

그러하기에 삶을 영위하는 데는 많은 장애가 따른다. 그런 것들은 주어진 업력이기에 극복할 수밖에 없음에도 불구하고 자학을 한다거나 포기하려 든다면 그것은 옳지 않다. 인생은 논스톱(nonstop)이 없다. 논스톱은 태평양을 무정차하면서 건너는 비행기나 가능하다. 그러하기에 인간이 논스톱을 바란다면 이것은 마치 날개가 없는 놈이 날개 달린 짐승의 흉내를 내면서 위험한 절벽을 건너려 하는 것과 같다.

혹 남들이 중도에서 비틀거릴 때 막힘없이 질주한다면 기분 좋은 삶이라 좋아할 수 있을지 몰라도 이것은 대단히 위험한 것으로서 토목 기사가 성급한 마음에 중간중간 받쳐야 할 교각을 빼먹고 다리를 놓는 것과 같다. 그러니 인간이 자기 완성을 이루려 한다면 반드시 여과를 서쳐야 한다. 우리 수변에는 여과를 거치지 않고 논스톱으로 질주하다 크게 떨어진 경우가 허다하게 있다. 이것은 다리를 놓을 때 중간중간 교각이 잘 놓인 다리는 만약 다리가 내려앉는 일이 있더라도 다리의 한 부분만을 고치면 되지만 교각이 없는 다리는 한 번 무너지면 전체를 다 새로 놓아야 하는 것과 같은 것이다. 그러니 너무 서두르지 마라. 혹은 가다가 길을 잃거나 막히거나 떨어진다고 해도 좌절하지 말고, 지금부터 다시 시작한다는 마음으로 꿋꿋하게 일어나라.

우리의 주변에서 보면 어려서 천재가 영원하지 못함을 알 수 있고 남보다 앞선다 싶어도 어느 날 중간 교각 없는 다리가 무너진 것처럼 한없이 추락을 하는 것을 얼마든지 볼 수 있다. 그러하니 서둘지도 말고 두려워하지도 마라. 그저 큰 다리를 놓을 때 사이사이 교각을 세우듯 해나가면 언제인가는 나의 목적을 이룰 수 있다.

이는 한국 불교계에도 흔히 있는 일이다. 지금으로부터 10여 년 전 모 총무원장이 당시 아는 바로, 승려로서 재물과 권력과 사람, 무엇 하나 모자람이 없었지만 그는 오랫동안 그 자리를 지켰고 그리하여 그는 수행인이면서도 자기 인생을 보나 사회적 시각에서 보나 논스톱 비행기를 탄 사람이다. 그가 그렇게 크게 추락하리라고는 나 자신을 비롯하여 아무도 짐작할 수 없었다.

높이 뜬 물체가 땅에 떨어질 때면 그만큼 충격이 가해지는 법, 그는 한없이 추락했다. 그리하여 그가 지난날 높이 오르기 전 쌓아둔 둔덕이 큰 추락으로 인해 그 뿌리까지 다 파헤쳐졌다. 이는 우리 불교의 한 단면이지만 우리 사회에서도 흔히 볼 수 있는 현상이다.

오늘 내가 이 글을 쓰는 것은 대통령, 국회의원, 장관 자리에 들락날락거리는 사람들에게 해당되는 것이 아니라, 우리 사회는 다수가 작은 소망을 바라고 일생을 살아간다고 할 수 있는데, 그런 작은 소망을 가지고 살아가는 사람들이라면 괜히 마음을 다급하게 가지고 살 필요가 없다는 것이다. 따라서 작은 충격에도 갈팡질팡하면서 인생을 영위하는데, 결코 그렇게 살지 말라는 것이다. 어차피 인생이란 불완전한 궤도(윤회輪廻, 시간적으로 과거, 현재, 미래, 공간적으로 지옥, 아귀, 축생, 천상, 아수라, 인간)를 돌다 왔기에 불완전한 삶을 살게 되는 것이다. 그러기에 그 무엇인가 썩어야 하고, 그 무엇인가는 죽어야 하

는 그것이 밑거름이 되어 다시 환생하게 되는데 이것이 자연의 섭리
인 것이다.

그러므로 나의 성공, 나의 인생 승리를 외치기 전에 자연의 섭리를
알고 자연의 섭리에 순응하는 삶을 영위하는 것이 옳을 것이다.

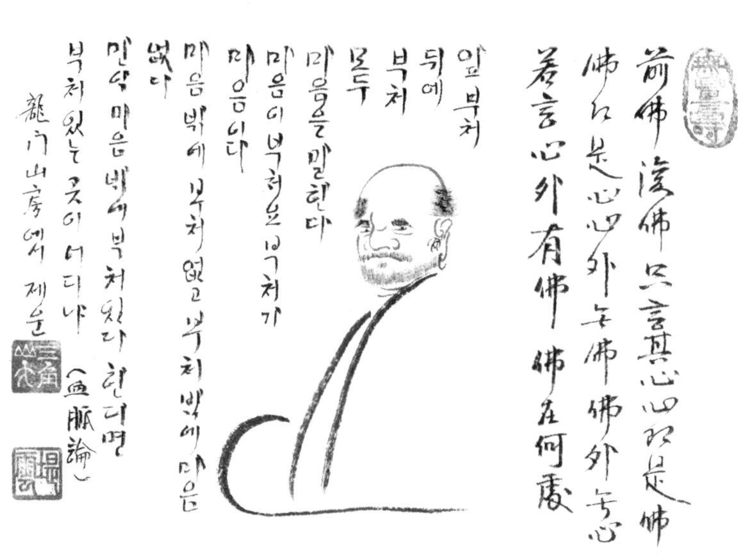

인생의 단면

산다는 것에서
행복한 것을
바라는 마음
가져야 하는 것
주어야 하는 것
이 모두는
인생의 단면인데

어디에 마음을 둬야 하는지
어디쯤 머물고 어디쯤 행하야 하는지
알 수 없는 것
사량(思量)할 수도
분간할 수도

그저 망망(茫茫)할 뿐

인생은 그저
흐르는 물과도 같아서
짐작할 수도 끝도
물과 같고 물과 같아라.

108배의 의미

요즘 미디어를 통해 '108배'의 의미가 신선하게 조명을 받기 시작했다. 108배는 불가 수행의 일환으로 스님들이 행하고 또 절을 찾는 신도들이 하게 되는데, 본래 108배는 108번뇌에서 기원한 것이다. 중생에게는 안이비설신의(眼耳鼻舌身意)인 육근(六根. 여섯 가지 뿌리)을 통해서 온갖 번뇌를 일으키는데, 눈으로 보고 여섯 가지 번뇌를 일으키고, 귀로 들으며 여섯 가지, 코로 냄새를 맡으며 여섯 가지, 혀로 맛을 느끼며 여섯 가지, 몸의 촉각으로 여섯 가지, 마음으로 분별하고 사량하는 여섯 가지를 모두 합하면 서른여섯 가지가 되는데, 이것을 과거, 현재, 미래를 합해 108배가 되니, 이것이 108번뇌요, 이 108번뇌를 없애기 위해 108배가 행해지게 되었다.

그렇게 108배를 하다가 1080배를 하게 되고, 나아가 삼천 배도 하게 된다. 성철 선사께서 신도를 대할 때 삼천 배를 해야 친견을 허락

한 것은 유명한 사실이다. 이제 108배는 절에서나 절 밖에서나 특별한 종교 의식으로는 보지 않으며, 비불교신자도 언제 어디서든 할 수 있는 것이 되었다.

불자라면 당연히 절에 가면 절을 하게 되는데 기본적으로 불전에 삼배를 올리고 나서 신중단에 절하고, 나아가 관음전, 지장전 등 각 전각에 삼배를 하며, 그렇게 참배가 끝나면 조실스님이나 주지스님 등에게 삼배를 하기도 하니 108배 앞서 상당히 절을 많이 한다. 불자들 가운데는 법당에 들어서 매번 108배를 하기도 하고 불전 및 각 단마다 108배를 하기도 한다.

이럴 때 왜 하느냐 묻지도 않고, 답하지도 않는다. 그냥 그렇게 하는 것이다. 그러기에 108배 한다고 큰 기도한다거나 큰 원을 세워, 큰 소망을 바란다면 그것은 썩 좋은 현상은 아니다. 굳이 의미를 부여한다면 108의 본뜻이 그렇듯 참회하는 것이고 업장이 소멸되는 계기는 될 것이다.

오늘날 불자거나 비불자거나, 절이든 가정이든 때와 장소를 가리지 않고 많이들 하니 이는 그만한 이유가 있다. 인간은 본시 마음이 주체가 되지만 이 마음이라는 것이 요동을 쳐서 순간순간 분별을 일으켜 그것이 선이든 악이든 쉬지 않고 반복되는데, 이것을 스스로가 다스리지 않으면 안 된다.

그래서 원효대사가 별기(別記)를 붙인 기신론(起信論)에 보면 일심이문(一心二門)이라 해서 한 마음에 두 가지 문이 있으니, 하나는 진여문(眞如門)이요, 하나는 생멸문(生滅門)이다.

진여란 영원히 변하지 않는 우리의 마음으로, 청정한 마음을 뜻한다. 생멸이란 나고 죽고, 분별을 내는 것으로, 온갖 악함을 일으킬 수 있음을 말한다.

이와 같이 인간의 마음은 선도 있지만 악도 있어서, 늘 마음을 잘 다스려야 하는데, 이 마음을 잘 다스리기 위해 하는 행위의 하나가 108배인 것이다. 108배를 통해 스스로의 분별을 쉬고, 업(業, karma)을 맑힐 수 있기 때문이다.

그렇게 업을 맑히지 않으면 인간의 마음은 고삐 풀린 송아지 같아서 이리 뛰고 저리 뛰고 하여 통제하기 어려운데 이럴 때 108배를 함으로 해서 마음을 쉬게 되고, 마음을 쉴 수 있을 때 비로소 목적지에 갈 수 있다.

저기 배를 타고 넓고 큰 바다를 항해하는데 큰 파도를 만나면 큰 파도를 넘어야 하고 폭풍우가 몰려오면 폭풍우를 이겨야 한다. 하지만 파도, 폭풍우보다 더 중요한 것이 마음이다. 만약 항해를 하는 사람의 마음이 흔들린다면 파도도 만나기 전, 폭풍우도 대하기 전 이미 그 항해는 끝이다. 108배를 하는 의미는 이와 같아서 인간의 삶이란 마치 넓은 바다를 항해할 때 흔들림 없는 마음을 가질 수 있도록 하기 위한 것과 같은 것이다.

그러나 이런 정신적 중요성이 아니더라도 오늘날 많은 사람이 이것을 택하는 것은 육체의 만족도 얻을 수 있으니 이것이야말로 일거양득이 아니고 무엇이겠나? 우선 108배를 해보면 적절한 유산소 운동이 되며 관절과 연결이 되는 근육, 신경 운동에 많은 도움이 된다. 무리하지 않으면 기구가 필요 없고 큰 공간이 필요치 않다. 그저 방석 한 장이면 족하다. 좀더 체계적으로 하자면 향을 하나 피우고 적절한 호흡을 한 후 마음 자세까지 갖추고 한다면 더 좋은 108배가 될 수 있을 것이다.

영원을 믿지 마라

사람이 사는 세상을 이러쿵저러쿵 말들을 하게 되는데 한 수행자가 바라보는 세상은 공화(空華)에 불과하다. 공화란 '허공 꽃이다.' 는 말로 실체가 없다. 사람들은 제각기 세상의 안목을 말하고 저마다 지식과 경륜을 말하고 있지만 사실 착각 속에 살아간다. 그렇게 착각을 하는 것은 비 오고, 눈 내리고, 바람 불고, 태양이 뜨고 지는 이러한 현상이 늘 변하면서, 변하지 않게 다가서기 때문이다. 우리가 좀 더 자세히 관찰해 보면 그것이 미세하나마 변했다는 것을 알 수 있다.

산에 가면 맑은 바람, 물소리, 빛깔을 보는데, 그것은 조금씩 변했고 변해가고 있지만, 그것이 변한 것을 느끼지 못하기 때문에 착각하기를 백년, 천년 전의 물과 지금의 물이 같다는 생각을 막연히 하여, 착각이 착각인 줄 모르고 착각 속에 산다고 나는 본다. 그 착각이 바로 영원성이 없다는 것이다. 영원성이 없다고 단정을 하고 지금 내가 하는 일들, 내가 부딪히고 하는 그 모든 것이 나의 눈을 현혹해서 정

신을 현혹하고, 착각에 빠져 있구나 하는 생각을 하면서 사물을 대한
다면 그는 또 다른 삶을 만날 수 있을 것이다.

진실로 영원이란 말은 맞지 않다. 아예 없는 것이다. 그렇지만 사람
들이 무언의 영원을 머리에 담아두고 마음에 갖고 있다. 그러다 보니
사람이 사람을 대할 때 영원을 생각하고 그 영원을 마음에 전제한 상
태에서 서로 약속을 하기도 하는데 시간이 흐르고 만상이 변해가면서
그 약속을 망각하기도 하고 지키지도 않게 된다.

그러기에 불가에서 무상(無常), 무상을 외치고 있다. 무상이란 덧없
다는 말로서, 다시 말하면 '영원성이 없다.' 는 말이다. 영원성이 없는
데 어떻게 미래를 완전하게 보장받을 수 있다는 말인가?

그러기에 남자와 여자가 만나는 것은 이성(理性)이 이성(異性)을 서
로 필요로 해서 만나는 것일 뿐이다. 그렇게 만나서 조화를 잘 이루
면, 2세 3세를 만드는 것처럼 좋은 결과를 얻기는 하겠지만 그 결과와
영원성은 별개다. 그런 결과 때문에 서로가 서로를 지나치게 끌어당
기고 해서 자기와 하나 되길 원하지만 이것은 절대로 하나가 될 수 없
다. 남자와 여자는 엄격히 서로가 다르다. 그것을 이해하자면 사자를
비롯한 동물을 보면 알 수가 있다. 동물은 사람처럼 미래를 약속하거
나 서로가 한 몸이 되고자 하지 않는다. 서로가 하나의 결실을 바라거
나 필요할 때 잠시 서로를 받아들일 뿐이다. 이것은 누가 시킨 것도
아니요, 지식도 아니고 사유에서 나오는 것도 아니고 그저 본능(本能)
에서 이루어지는 것이다.

동물 세계를 지탱해 가는 원리가 있다면 그것은 본능이다. 결국 이
본능의 세계 속에서 인간들은 온갖 착각과 그 착각 가운데 약간의 지

56

혜를 곁들여 가면(假面)까지 뒤집어쓴다. 그러나 동물 세계를 잘 들여다보면 일정한 시간, 발정기가 되어 암·수컷이 만나 행위를 하는데 어떤 동물은 그 순간 상대를 죽이기도 하고, 또 어떤 때는 상대를 물어서 치명적 상처를 남기기도 하는가 하면, 그 순간을 벗어나면 곧 바로 적이 되기도 한다.

여기서 인간이 동물과 다른 것은 약간의 지혜가 있다 보니 훗날을 생각하게 된다. 그것은 건설적으로 생각하면 좋으련만 지극히 건설적이지 못하다. 건설적이지 못하다는 것은 약간의 지혜가 이기심으로 잠시 서로를 당기고 놓아주는 것으로, 짐승들은 한 번의 발정기를 해소하고 나면 그것으로 끝인 반면, 인간은 내일 아니, 그 후라도 또다시 그런 역할을 바라는 생각을 일으켜 본능에서 나오는 행위를 조작하는 것과 같은 것이다. 가령 이 여자는 별 재미가 없어, 얼굴도 못생겨서 끌리지도 않아 하면서도 이 여자는 돈이 있으니 싫지만 좋아하는 척한다면 나에게 큰 이득이 있을 수 있다는 생각 등을 하는 것이 동물과 다르다.

사람도 남자의 경우 그 여자를 알기까지 그 여자에게 관심을 가지고 잘 보이려고, 간이고 콩팥이고 다 줄 듯하지만 그 여자를 정복하고 나면 생리적으로 전혀 관심이 없어지고, 싫어지기까지 한다. 심지어 몇 년을 좋다고 쫓아다니다가 한 순간 그녀를 버리고 떠나는 경우도 있다. 이럴 땐 사람도 동물적 본능이 있기 때문에 동물들의 행동과 별반 다르지 않다. 순간 정은 떨어졌지만 그를 버리지 않는 것은 오랫동안 익혀 온 교육이 그렇게 만든 것이다. 그렇게 좋다고 쫓아다니다가 한 번 몸을 가까이 해보니 만정이 떨어져 돌아서는 경우가 나이 어린

청소년기에 많다. 나이가 어릴수록 이런 현상이 많은 것은 보다 동물적이고 본능적이기 때문이다.

사람은 어릴 적부터 보고, 느끼고 배운 교육 탓도 있겠지만 생활 환경도 동물과 다르기 때문이다. 동물들은 거의가 집단으로 생활을 하는데, 시간과 환경에 제약을 받지 않는다. 그러기에 발정기가 있어서 서로 만나 교접을 하고, 교접이 끝나니 그냥 돌아섰고, 또 발정기가 되면 그렇게 하고 할 수 있지만 사람은 그렇지 못하다. 사람 역시 사회적 동물로서 집단 생활을 하지만, 사람은 철저히 개인적 형태를 띤다. 수많은 작은 집들이 그렇고 그 집 안에서도 각기 따로따로 독립해서 생활하는 것이다. 그러기 때문에 동물처럼 쉽게 취하고 쉽게 버리기가 용이하지 않아 버리지 않을 뿐이다. 특히 나이가 들면 들수록 그렇지 못한 것을 우리는 알 수 있다.

인간이 죽는 순간까지 취하고 버리고를 반복하는 것은 '동물적 본능'이 있기 때문이다. 이성을 너무 믿지 마라. 이성을 무조건 부정해서도 인간상(人間像)으로는 옳지는 않겠지만, 이성을 진실로 믿으면 믿을수록 인간은 완전한 형태로 그것을 받아들이게 되고, 그 완전한 형태를 인식하는 만큼 크게 후회하며 고통스러워하고 실망해서, 나아가서는 허무주의(虛無主義)에 빠져들고, 심하면 세상의 모든 실체를 진실로 보지 못하고 다 부정해버리는 삶으로 떨어질 수 있다.

한 남자가 한 여자를 만나 서로가 백년을 약속하면서 삶을 영위했는데 백년의 약속이 짧게는 며칠, 몇 달, 몇 년도 가지 못하고 만다. 백년의 기간은 아직도 아득한데 얼마가지 않아서 그들은 변하고 말았다.

그때부터 백년의 약속은 깨졌고, 서로가 서로를 원망하고 미워하면서, 스스로에게는 한탄하고, 세상을 원망하고, 나아가 자기를 낳아준 부모를 원망하고 더 나아가면 목숨마저 끊고 끊기는 일들이 발생한다.

그러므로 이성을 절대로 과신해서는 안 된다. 남자와 여자는 인간으로서의 공통점이 있지만, 남자와 여자는 생리적으로나 구조적으로 판이하게 다른데 서로가 하나가 되고 한 몸이 되고 한 생각을 바란다는 것은, 마치 모래를 쪄서 밥을 지으려는 것과 같은 것이다. 그간 잠시 뜻을 맞추고 서로를 이해하며 살게 된 것은 어느 한쪽 일방이 아닌 서로의 필요성에 의해 그렇게 한 것일 뿐, 어느 날 그 한쪽에서 필요를 느끼지 못하게 되면 백년 약속은 물거품이 되고 만다. 그럴 때 상대가 상대를 미워하지만 사실 미워할 것이 없다. 그때 약속은 그때의 진실이었고, 지금은 변했기에 그런 것이다.

세상은 변화하지 않는 것은 하나도 없는데, 왜 사람의 마음은 변하면 안 되는가? 모든 것이 변화하는 것은 자연의 섭리다. 그렇다면 그렇게 변하는 가운데 변하지 않는 백년의 약속을 지키며 사는 것은 무엇인가? 그것은 서로의 변화를 인정하면서 서로 받아들이고 서로가 서로를 불쌍히 여기는 마음을 가지기 때문이다. 그렇지만 혹 한쪽은 한쪽을 받아들이고 이해하려 하지만, 한쪽이 그것을 받아들이지 않는다면 그것은 어찌할 수 없는 것이다. 위대하신 부처님도 중생을 다 제도할 수는 없는 것과 같다.

개성(個性)을 먼저 이해하라

　세상에는 사는 방법이 각기 같으면서도 다르다. 같다는 것은 밥 먹고 자고, 그러기 위해서는 일을 해야 하고, 일을 했으니 쉬어야 하며, 또 적당한 여가도 필요할 것이다.

　그러나 세상을 보는 것, 세상을 읽는 것, 세상과 함께 하면서 자기 길을 찾고자 하는, 이런 것이 다르다.

　왜냐하면 사람은 동물이면서 지능이 높은 것은 논하지 않더라도 각각의 개성, 그 개성을 이해하는 것이 중요하다. 세상에 수많은 생명체가 있지만, 유독 사람만이 같으면서도 다른 모습을 가지고 있다. 이렇게 다른 모습을 가지고 있는 만큼 주관과 개성도 뚜렷하게 구분된다고 할 수 있다.

　절에서 스님들이 쓰는 용어로 "벼룩 서 말은 몰고 갈 수 있어도, 스님 셋은 어찌할 수 없다."

이렇듯 강한 수행자의 개성을 말한다.

"한 자식이 출가를 하면 구족이 생천한다(一子出家 九族生天)."

이 말은 출가에 대한 큰 공덕을 의미하면서도, 출가하는 것이 쉬운 일이 아니며, 따라서 아무나 하는 것이 아님을 말하는 것이다.

머리 깎았다 해서 다 스님일 수 없고, 승복을 입었다 해서 다 출가 사문이라 말하지 않는다. 불가에 몸을 담는다는 것은 불가와 인연(因緣)이 있다는 뜻이다.

나는 일찍이 절간에 들어와서 절이 뭐하는 곳인가를 알 수 있었다. 그래서 속가의 형을 불가로 인도하고자 노력하였지만 되지 않았다. 형은 승려가 되길 극구 거부한 것이다.

이렇듯 승려가 되는 것은 인연이 있어야 한다. 부처님도 인연이 없는 중생은 제도할 수 없다 하지 않았나. 그러므로 승려가 된 사람을 보면 예전에는 가난했던 시절이 있어 절을 찾아 가난에서 벗어나 밥이라도 제대로 먹기 위해, 또는 가난한 생활 속에서 공부를 하기 위해 절을 찾는 수도 있었다. 이런 것들이 모두 인연에 속한다. 그러한 환경이 동기 부여(動機附與)가 되어 출가를 하는 것이지 동기 부여가 없으면 출가는 어렵다. 좋은 예로 오랜 수양을 한 스님들이 차생(次生)의 원을 세우는 경우가 허다한데, 불보살 앞에서 이렇게 원을 세우기도 하였다.

"다음 생에는 아주 가난한 집에서 태어나, 일찍 불가에 출가해서 금생에 이루지 못한 도업(道業)을 반드시 성취케 하여지이다."

불가에 인연이 있어 출가를 했어도 곤히 잠든 새벽에 일어나기를 평생을 해야 하고, 다수가 하는 보편의 삶을 접어야 하는 결코 쉽지 않은 생활이다. 그럼에도 이 길을 간다는 것은 그것이 고집이든 집념이든, 강한 개성이 아니고서야 선택할 수 없다.

만약 사람을 대할 때 사교가 남다르고, 그리하여 교분을 넓히는 사람이라면 그는 세속적으로 자기 성취는 할 수 있겠지만, 불가에서 도업을 크게 성취하지는 못한다. 왜냐하면 평범함이 세속적 조화를 이루기 때문에 세속적으로는 잘 어울릴지 몰라도 외롭고 험난한 이 길은 갈 수 없다.

수행은 철저히 자기 부정을 거듭하면서 점차 자기의 '참 모습'을 찾아가는 것인데 대개 자기의 참 모습을 찾기 전에는 먼저 환경(環境)을 부정한다. 환경이란, 자기가 살아온 카테고리(category)인데, 그의 삶이 흡족하거나 행복했다면 좋았겠지만 그러지 못한 경우는 출가라는 특별한 환경 구조에 의해서 부수고, 없애고, 외면하고자 하는 내면의 심리가 발동한다. 여기서 좀 더 나아가면 현상(現象)을 부정하게 된다. 현상이란, 받아들이는 지각으로서, 그간 살아온 자기의 지성적 삶이 더 나아가지 못하는 데서 비롯되어 특수한 환경을 만나고 보니 미처 알지 못해서 눌렸던, 그 어떤 것이 곧 해소될 것처럼 착각한 것이 현상을 부정하게 된다. 여기서 더 나아가면 실체(實體)마저 부정하게 되는데, 실체란 진실된 근거, 존재의 바탕인 에센스(essence)로서 그렇게 부정을 하다가 어느 순간 실체를 인정하고, 현상을 인정하고, 환경을 이해하게 된다. 이쯤이면 굴곡된 안목의 현상이 제자리를 잡는데, 마치 눈이 침침한 상태에서 세상을 바라보다가 어느 날 눈을 밝게 뜨고 보니 그동안 보고 판단한 것들이 모두가 전도(顚倒)된 몽상(夢

想)이었다는 것을 알게 되는 것과 같은 것이다.

　그러기에 인간은 동서고금이 없다. 이 말은 옛사람이나 지금 사람이나 환경에 따라 적응하는 방법에 차이는 있을지라도 인간의 본질이 같은 것처럼, 생각하고 판단하고 받아들이는 모두는 같다고 할 수 있다. 그것을 증명하듯 역사는 말하는데 지금으로부터 1천여 년 전에도 인아쟁쟁(人我爭爭)이라 사람과 사람이 다툰다는 말을 많이 남긴 것을 봐도 알 수 있듯이 인간은 앞을 보나, 뒤를 보나, 어제를 보나, 오늘을 보나 대동소이하다.

그대 내일을 꿈꾸는가

내일을 생각하고 내일을 꿈꾸는 자
오늘 하루를 그냥 보내지 마라.
오늘 하루는 그냥 넘어가는 하루는 아니다.
이 하루는 마치 전리를 바라보는 데 첫 계단을 밟고 올라서는 것과
같아서
그러기에 오늘 하루에 충실하라.
하루가 없으면 내일도 없고
영원도 이와 같아서
하루가 내일을 이끄는 끈이 된다.
그것이 이어져 영원을 향하게 되는데
세상은 늘 변하고 있다.

해가 뜨면 하루가 열리고

해가 지면 하루가 닫힌다.
그런 가운데 잠시 한눈 팔면
하루를 놓치고 하루를 놓치면
내일은 없다.

내일을 꿈꾸는 자여
새벽의 문을 마구 두드려라.
새벽은 천지 만물이 눈을 뜨는 시간이다.
절간의 대종(大鐘)은 삼천대천세계를 흔들고
목어의 울림은
그대 잠든 정신을 깨운다.
소종(小鐘)은 번뇌의 몸부림으로 울어대고
저 멀리 아득한 태양의 용솟음으로
푸른 바다는 아침 화장을 준비한다.

내일을 꿈꾸는 자여
기지개를 펴라.
그대가 펼치는 기지개가
온 누리에 가득 찰 만큼
그대의 가슴으로 큰 기지개를 펴라.
그리고 생각하라.
오늘 이 하루를
오늘은 '좋은 하루다.' 라고
반복하라, '오늘은 좋은 날!, 오늘은 행복한 날!'

그대의 두뇌가 하루의 일과를 생각하게 된다.

생명의 소중함
만남의 소중함
그러므로 그대의 내일은
오늘 떠오르는 태양과 함께
활짝 열릴 것이다.

― 용문산방에서

비 개인 오후

초암은 침묵으로 떨어지고
뜰 앞에 풀 향기
코끝에 와서 놀고

바람을 탄 구름
산까치와 벗하고

이따금 들려오는
풀벌레의 노래 소리
안개 속으로 피어나고

빗물에 목욕한 호박 한 덩이
풀 향기로 화장을 하고

가시지 않은 안개 피어오름이
이팔소녀의 볼 같아

무성한 녹색 병정
배수진을 치고 다가오니
호미 건너 마음이 쪼여온다.

― 용문산방에서

슬픔이 밀려올 때면

살다 보면 기쁨도 있고 슬픔도 있다.
늘 기쁜 일만 있으면 기쁜 줄 모른다.
그러기에 진정 기쁨을 바라는 마음이라면
슬픔도 함께 하라.
이것은 마치 맛있는 음식을 먹기 위해
미리 속을 허전히 비우는 것과 같은 것이다.

행복도 마찬가지다.
행복이 계속 이어지면 행복을 느끼지 못한다.
불행을 겪고 나서야 비로소
이것이 행복이구나 하는 생각을 가질 수 있다.

사람은 구조가 복잡한 것 같으면서도 단순하고

단순한 것으로 들라면 한없이 복잡해진다.
눈에 눈물이 고이는 것은 순간이고
입가에 웃음꽃이 피는 것도 순간이다.

만약 우리의 몸이 복잡한 구조대로 명령을 거친다면
금방 울다 웃다 하는 극을 만들 수 없다.
사람은 다변한 구조이면서도 다변하지 않을 때가 많다.
사람은 섬세한 영물이면서도
때론 투박한 질그릇 같은 삶을 산다.

그러기에 인간은 누구나 영웅이 될 수 있고
반면 누구나 필부(匹夫)가 되기도 한다.
그것은 바보와 천재는 백지장 차이가 맞다.

인간이 번민(煩悶)하는 것은 번뇌하는 동물이기 때문이다.
번뇌(煩惱)란 생각이 있어 있는 것이고
생각이 없으면 번뇌도 없고, 번민도 없을 것이다.
그러하기에 "번뇌가 보리(깨달음)요, 보리가 번뇌다" 하지 않던가.

만약 그대 가슴에 슬픔이 밀려오면 도망치려 하지 마라.
슬픔을 물결로 삼아 함께 타라.
슬퍼하지 않을 사람이 눈에 슬픔이 보이면
그는 대자대비한 관세음이 아니라면
임종을 눈앞에 두고 있다는 증거다.

사람은 열이 많은 동물이다.

너무 좋아도 눈에 물이 고이는 것은 열을 식히기 위함이다.

너무 슬퍼도 눈에 물이 고이는데, 이것도 열을 식히기 위함이다.

나 혼자 이 세상 슬픔 다 가진 줄 생각한다면

그런 사람은 삼세제불(三世諸佛)이 출현해도 구원받지 못한다.

너무 즐거워도 눈물이 나고, 너무 슬퍼도 눈물이 나는 것은

슬픔과 기쁨이 둘 아님을 보이는 것이다.

나아가 슬픔 끝에 기쁨이 찾아오고

기쁨 뒤에 슬픔이 있다는 것을 두고

옛사람이 말하기를

"한때의 즐거움이 언제 고통으로 다가설지 모른다(一期珍樂 不知樂是苦因)."

이러하듯 세상은 수평적이다.

높이 올라도 오를 것이 끝이 없고

낮추려 해도 낮아지지만 않으니, 이것이 삶이다.

그러하기에

슬픔이 밀려오면 슬픈 그대로

기쁨이 밀려오면 기쁨 그대로 맞아라.

2부
내 마음의 노래

一物不為 一道出境界
丁亥年 三角如人 題並

내 마음의 노래

나는 푸른 청산을 좋아한다. 청산은 늘 푸르지만 요동하지 않는다. 요동하지 않는 청산, 흔들리지 않는 마음과도 같다. 반면에 같은 산이라도 울긋불긋한 산은 변화하는 것으로서 변하는 것은 오래 지탱할 수 없다는 것을 알 수 있다.

청산은 오래 머물기에 느긋할 수 있고 화려한 가을 산은 오래가지 못하기에 안타까워 몸부림치는지도 모른다.

저 멀리 높게 떠도는 백운도 마찬가지다. 오래 머물 수 없기에 스스로가 나그네인 줄 알 것이며, 그리하여 흩어졌다 모였다 하는 것이, 마치 자신의 실체가 영원하지 못함에 안타까워 부들부들 떠는 것인지도 모른다.

사람도 마찬가지다. 늘 청산이고 싶지만 청산이 되지 못하고, 외로운 떠돌이 구름처럼 그렇게 산다고 여길 수도 있다. 청산은 주인으로서 마음먹기에 따라서 수처작주(隨處作主, 처하는 곳에 스스로 주인이 된

다) 하는데, 무엇보다도 현처(現處)에서 주인이 되느냐 아니냐는 스스로에게 달렸다. 스스로란, 몸뚱이가 아니라 마음가짐이 스스로인데, 이 마음가짐이 '나는 주인이다' 하면 주인이 된다. 그러나 나는 주인이 아니다 하는 마음을 가지면 주인이 아니다.

이 세상에는 '영원함이 없다.' 이 말은 영원히 주인이라고 할 것이 없다는 말과 같다. 영원히 주인이 없음에도 주인처럼 인생을 사는 사람이 있는가 하면, 세상에 태어나 죽는 날까지 나그네처럼 인생을 살다가는 사람도 얼마든지 있다. 가령 땅을 많이 가지고 있어도 흡족한 줄 모르면 늘 채우지 못한 마음에 허덕이게 되고, 돈이 아무리 많아도 그 돈을 유용하게 쓰지 못하면 그 역시 채우지 못한 아쉬움에 허덕이게 된다.

그러므로 돈이란 얼마를 가지고 있느냐가 중요한 것이 아니라 얼마나 유용하게 쓸 수 있느냐 하는 것이 중요하다. 가령 자기가 지닌 돈은 아까워 한푼도 쓰지 못하면서 남이 쓰는 돈은 부러워한다면, 그는 스스로 가진 거지다.

또한 돈이 있어서 잘 쓴다고만 주인이고 여유가 있고 행복하다고 볼 수도 없다. 어떻게 유용하게 쓰느냐 그것이 중요하듯, 또한 돈이 있는데 그것을 유용하게 써야 할 대목에 쓰지 못함은 그것도 주인이 되지 못하는 것이다.

세상은 무엇을 먹고 어떤 환경에 사느냐 하는 것도 중요하지만 어떻게 삶을 살 것인가 하는 것이야말로 참으로 중요하다. 사람이 어떤 일을 함에 있어서 설계도가 반드시 필요하듯 인생의 설계는 더 말할 것이 없다. 그것은 인생이라는 단어가 무한을 뜻하지 않기 때문이다. 마치 한정된 텃밭이나 정원과도 같아서 작은 정원에 알맞게 정원석을 배치해야 함에도 정원석이 아름답다고 다 채운다면 그것은 정원도 텃밭도 아닌 그저 돌무덤에 지나지 않는다.

따라서 필요한 만큼 취하고 버릴 줄 알아야 한다. 비유하자면 내가 저기 바다나 강을 건너는 데는 뗏목이 필요하지만 강을 건너 뗏목의 역할이 끝났는데도 불구하고, 그 뗏목을 짊어지고 다닌다면 자기의 목적한 바를 얻기도 전에 이미 지치게 되는 것과 같다. 그러하기에 나는 말하길 "크게 얻고자 한다면 크게 버려라"는 용어를 쓴다.

만약 자식이 크게 성공하길 바란다면, 자기 것을 챙기고 나아가 자기의 아성을 쌓는 것을 중히 여길 것이 아니라, 먼저 버릴 것을 가르쳐야 한다는 것이다.

이것은 강가에서 낚시를 하면서도 교훈을 얻을 수 있는데, 작은 고기를 잡는 사람은 밑밥을 크게 쓰지 않는다. 그러나 큰 고기를 잡으려면 낚시를 크게 써야 한다. 뿐만 아니라 고기를 유인하기 위한 떡밥도 크게 써야 하는데, 이것이 바로 큰 고기를 잡기 위해서 밑밥을 크게 던지는 것이다. 이것을 달리 용어를 쓴다면 '크게 버린다.'는 의미와 같다.

세상은 지극히 공평해서 뿌린 대로 거두게 돼 있다. 내가 큰 수확을 기대한다면 땅을 크게 개간해야 하고 또 그에 걸맞은 노력을 해야 한다.

내 도정(道程)의 노래

거침없이 뚫어라

내가 가는 길, 내가 머무는 길, 이 모두는 나의 정신 영역이다. 이 영역에 그 어떤 침범도 용서하지 않는다. 만약 여기서 부처와 보살이 나타나서 나를 설득해도 나는 그것에 끌려들지 않는다. 오직 나의 도정은 거침없이 앞으로 나가는 것, 이 밖에 별다르게 구하거나 기대하거나 아쉬움에 껄떡이지 않는다. 오직 내가 가는 이 길뿐이다.

내가 가는 길은 일체의 막힘이 없어서 용광로를 부어 만든 철벽일지라도 나는 그것을 뚫고 나간다. 그것이 태산일지라도 뛰어넘는다. 하물며 그 어떤 마장(魔障)이나 온갖 유희로서 나를 현혹한다 해도 나는 오직 뚫고 나갈 뿐, 그것에 걸리거나 빠져들지 않는다. 마치 '그물에 걸리지 않는 바람처럼', 그와 같아서 그 어떤 경계일지라도 다 부수고 넘어갈 뿐, 그것 아닌 것에 안주하거나 타협하지 않는다.

이 분상에서는 너와 내가 없고, 높낮이가 없고, 식견의 유무(有無)도 없어 그저 분별이 끊어지고 일체가 고요한 그것만이 오롯해서 화두(話頭)다, 공안(公案)이다 하는 거죽 옷마저 의지하지 않는다. 굳이 이름 하여 자연과 호흡하여 나와 자연이 둘이 아닌 경계를 둘 뿐이다.

그것을 굳이 물어온다면 부득이 성성삼매(惺惺三昧)라고 하여도 무방하나 삼매가 그 무엇이라고 단언하거나 선을 그으면 그것 또한 그르친다. 오로지 나와 자연의 경계가 하나가 될 뿐 그 무엇도 용납하지 않는다.

이 분상에서 다 주고 다 받는 거래는 될 수 있어도, 바늘구멍만큼이라도 허튼 수작은 용납되지 못한다. 일찍이 석가로부터 가섭(伽葉)이 법을 이어오다가 28조 달마가 그 법을 가지고 동진을 했다. 이것이 석교동점(釋敎東漸)이다.

그는 하나의 꽃과 다섯 잎사귀로서 미정(迷情, 중생)을 살찌우니 눈이 내리는 밤을 이겨내고도 모자라 계도(戒刀)로 팔을 잘라 흰 눈을 붉게 물들인 혜가(慧可, 487~593 달마의 법을 이은 제자)에게 심인(心印)을 전하였다. 그로부터 승찬(僧璨, 혜가의 법을 받음), 도신(道信, 3조 승찬의 제자), 홍인(弘忍, 도신의 제자)을 거쳐 육조(六祖)에 이르렀다. 육조 혜능(六祖 慧能, 당 태종 정광 12년 638~?, 5조 홍인의 제자)이 다시 그물을 치니 대어(大魚) 두 마리가 걸렸는데 하나는 청원 행사(靑原行思, ?~740 남악 회양과 더불어 남종선의 양대 산맥)요, 하나는 남악 회양(南嶽懷讓, 677~744 육조 혜능의 제자)이다. 남악이 육조의 법을 이은 까닭은, 육조를 친견하였는데 육조 혜능이 묻기를

"어디서 왔는가?"

"숭산에서 왔습니다."

"어떤 물건이 이렇게 왔는가?"

이 말 한마디에 대꾸하지 못하다가 8년이라는 세월이 지나고 나서

"설사 한 물건이라 해도 맞지 않습니다(說似一物則不中)."

이 한마디에 스승으로부터 인가를 받아 그의 후계자가 되었다.

기왓장으로 거울을 만들다

남악 회양이 기왓장을 갈아서 거울 만들기를 했던가? 드디어 거울을 완성했다. 그가 만든 거울에 마조 도일(馬祖道一, 738~817 남악 회양의 제자)이 걸려들었다. 마조는 "범처럼 보고, 소처럼 걷는다(虎視牛行)."는 대장부이다.

그런 그가 형악(衡岳)의 전법원(傳法院)에서 참선을 하는데 하루는 남악이 찾아와서 그의 공부를 실험하려고 물었다.

"그대는 좌선을 해서 무얼 하려 하느냐?"

"부처되려 합니다."

남악은 말없이 그냥 기와 한 장을 손에 들더니 갈기 시작했다. 이를 본 마조가 물었다.

"무엇을 하시렵니까?"

"기와를 갈아서 거울을 만들려 하네."

"기와를 간다고 거울이 됩니까?"

"기와를 갈아서 거울이 될 수 없다면 좌선을 한들 부처가 되겠는가?"

"그렇다면 어떻게 하면 좋겠습니까?"

남악이 마조를 보면서 말하였다.

"사람이 수레를 몰고 갈 때 수레가 나가지 않는다면 수레를 치겠는

가? 소를 치겠는가?"

이 한마디에 마조가 크게 깨닫게 된다.

마조가 늘 쓰는 문구가 있으니 "이뭐꼬(是甚麼)"다. 이 한마디를 주로 호떡을 먹으며 많이 썼는데, 제자 백장(百丈懷海, 720~814)이 여느 때와 같이 호떡 그릇의 뚜껑을 열어 마조에게 권하는데 마조는 그럴 적마다 슬쩍 하나를 집어 들고 대중을 향해 "이뭐꼬" 하며 외쳤다. 백장이 처음엔 그 뜻을 알지 못하다가 3년이 지나고 나서 그 뜻을 알 수 있었다.

황벽이 백장에게 마조에 대한 것을 물었다.

마조는 남악 회양의 법을 이은 제자다. 백장은 마조의 법을 이었으며, 황벽은 백장의 법을 이었는데 하루는 황벽이 백장을 찾아와서 마조에 대해 알고 싶다고 하니 백장이 말하였다.

"마조께서 상당(上堂, 법좌)을 하고 대중이 운집(雲集)하였는데 법문(法門)을 하기 전 잠시 말이 없었다. 그때 내가 법상 앞에서 예배를 하려고 방석을 걸으려던 차에 스님께선 설법(說法)을 하지 않고 바로 법상에서 내려왔다. 그런 일이 있은 후 다시 스님을 찾았는데 스님은 내가 오는 것을 보고 선상 모서리에 있는 불자(拂子)를 일으켜 세워 보였다. 그때 내가 물었다. '이는 현실 작용으로 건립하는 쪽입니까? 아니면 현실을 떠나 본분사로 가는 겁니까?' 그러자 스님은 불자를 선상 모서리에 걸어놓고 잠시 말이 없더니 문득 되물으셨다. '그대가 앞으로 법문을 한다면 어떻게 사람들을 가르치려나?' 그 말을 들은 내가 스님이 했던 대로 불자를 일으켜 세웠더니 스님은 내가 질문했던 것과 똑같이 말하셨다. '불자를 현실적인 건립 쪽으로 쓰려나? 아니면 모든 차별을 떠난 본분사(本分事) 쪽에서 사용하려나?' 나도 역시 불자를 선상 모서리에 걸어두었는데 스님이 대갈일성(大喝一聲)으로 할(喝)을 하니 그때 내가 그 '할' 소리에 사흘이나 귀가 멀었다네." 그 말을 들은 황벽이 놀라는 기색으로 혀를 내둘렀다.

백장도 가관이다. 홀로 조용히 지낼 일이지, 왜 황벽에게 까발려 가지고 혀를 차게 하는지… 이 와중에 끼어드는 사람이 있었으니 그가 대우(大愚)다. 대우의 "냄새나는 방귀" '방부정언흘(放不淨言訖)'이 아니었던들 어찌 임제가 있었겠나? 뿐만 아니라 때론 주장자를 들고 설치는 거기에 걸려들면 아마 뼈도 못 추리고 혼마저 가누지 못할 것이다.

이렇듯 온 장안에 알 만한 사람 다 아는 대우인지라, 황벽이 그 꼴을 두고 볼 수 없어 그를 실험하려고 한 물건을 보내는데, 그가 임제(臨濟義玄, ?~867 임제종의 開祖)다. 하루는 임제가 대우를 찾았는데 "지난번에는 부끄럼노 모르고 촐싹대더니 왜 다시 왔는가?" 하면서 주장자를 들어 문밖으로 쫓아냈다.

임제는 워낙 장사하는 수완이 좋아서 어느 때는 황벽의 보따리를 대우에게 넘기고 어느 때는 대우의 보따리를 황벽에게 풀어, 거래를 하니 임제야말로 장사 잘하는 큰 상인(上人)이다. 그의 솜씨가 천하의 황벽과 대우를 조롱하듯 하더니, 더 큰 바다에서 더 많은 고기를 잡으려고 망을 치는데, "가고 머물고 앉고 눕고 말하고 말하지 않고 움직이고 움직이지 않는(行住座臥語默動靜)" 것에 걸리지 않고 거래를 하니 그 수단에 넘어간 사람이 수를 헤아릴 수 없다.

그의 가락은 하도 다양해서 어느 때는 "차별 없는 참사람(無位眞人)"

을 노래하는가 하다가 어느 때는 "가는 곳마다 주체가 되고, 서는 곳마다 다 진리다(隨處作主 立處皆眞)"을 외쳐대고, 그것도 모자라 "대덕들이여, 삼계(三界)는 위기에 싸여 평안치 못함이 마치 불난 집과 같아서 오래 머물고 집착할 바가 못 된다. 무상(無常)의 손길 순간순간이 노소 귀천을 가리지 않고 목숨을 거두어간다…(생략)"라고 했다.

임제선사의 차별 없는 참사람

법을 보이고, 납자(衲子, 수행자)를 다룸에 있어 본질을 줄 수는 없는 것, 다만 본질과 계합할 수 있는 길 안내를 해줄 뿐이다. 그러기에 납자의 근기에 따라 때론 허공을 들고 나오는가 하면 때론 바다를, 또 어떤 때는 무(無)다 유(有)다 들이대다 그것마저 부정해 버리고 똥 먹는 '개'가 등장하고, 똥 막대기도 등장하는가 하면 배 위에 올라타서 다그치기도 한다. 그것도 여의치 않으면 몽땅 부정해 버리는데 부정을 다시 부정하면 긍정으로 돌아오는 그 도리를 기다리다 죽이 맞으면 대갈일성(大喝一聲), 일할(一喝) 고함을 버럭 지르니 여기서 살 놈은 살고 죽을 놈은 죽는다. 제대로 떨어지면 백장이 기가 멎었듯 귀먹고 눈멀어 캄캄하게 된다.

인생을 누가 흐르는 물이라 했나? 인생은 마치 외줄을 타는 것과 같아서, 자칫하면 떨어진다. 그리하여 떨어지지 않으려 몸을 비비대고 돌리고 양팔을 벌리고 호들갑 내지 쇼를 하게 되는데 쇼를 잘하면 살아남지만 쇼를 잘못하면 그것으로 끝이다.

그래서 인생의 한 단면을 보자면 엉엉 울면서 동정을 바라는 인생이 있는가 하면, 늘 보채면서 욕구를 채우는 인생도 있다. 분명한 것은 울든 짜든 인생은 냉정해서 그냥 가버리고 놓아주지 않는다.

누가 나에게 개구집착(開口執着, 입을 열어도 그르친다)이니 폐구직실 (閉口直失, 입을 열지 않아도 곧 잃는다)을 물어 오지 않나? 나는 그렇게 말하는 주둥이에 한 방 먹이겠다. 그리고 묻겠다. "지금의 분상이 어 떠합니까?"라고….

하루는 "차별 없는 참사람"을 노래하는 임제가 상당해서 "지금 여 러분의 적나라한 알몸뚱이에 '한 차별 없는 참사람'이 있어 항상 여 러분의 눈, 귀, 코를 통해서 출입하고 있다. 아직 보지 못한 사람은 똑 똑히 보아라." 하였다. 그때 한 스님이 물었다. "어떤 것이 차별 없는 참사람입니까?" 이 말에 임제선사가 법상에서 내려와 그 스님의 멱살 을 잡고는 "일러라, 일러" 하며 멱살을 흔드는데 그 스님이 무어라 말 을 하려 하자 임제선사가 그 스님을 밀쳐내면서 "차별 없는 참사람이 라, 이 무슨 똥 막대기인가?" 말한 뒤 바로 방장으로 가버렸다.

본래 한 물건도 차별이 없다. 오직 인간의 근기가 차별일 뿐, 개에 게 똥 무더기 갖다 주는 것은 차별이 아니다. 차별은 어리석음에서 오 고, 분별에서 나누어지는 것, 어리석음 떠나고 분별 떠나면 바로 그 자리가 무위진인(無位眞人) 즉, '차별 없는 참사람'이다.

주산(住山)

好山而住山 호산이주산
息心聽流水 식심청유수
不冀閑世慾 불기한세욕
此外別無求 차외별무구

산이 좋아 산에 산다네.
흐르는 물소리 들으며 마음을 달래고
한갓지게 세간의 욕심 바라지 않아
이밖에 무엇을 구하려 하겠나.

세상을 알고 세상을 살아감에 기쁨도 있고 행복도 느낀다.
문제는 슬픔이 찾아오거나 고난을 맞을 때 그것을 어떻게 극복하느
냐 하는 것이 우리의 삶에 있어서 중요한 문제다.

그래서 세상을 극복하는 것은 여러 가지가 있을 수 있지만

가장 좋은 방법은 그것을 초월하는 것이다.

이것을 잘못 받아들이면 번민하고 허황해 공허감에 빠질 수 있다.

하지만 이것은 뛰어넘는 생각 전에 먼저 놓아버리는 것이다.

세상은 한 생각에서 비롯되는 것이고

그러기에 한 생각 놓아버리면 일체가 고요하다.

진실로 행복은 고요한 마음에 있는 것이지

마음이 고요하지 않으면 만나는 경계마다

번뇌스럽고 훤효(喧哮, 시끄러움)할 뿐이다.

그러므로 늘 마음을 깨끗하게 비우라.

그곳에 행복과 기쁨이 가득함일세.

— 용문산방에서

내 여정(旅程)의 노래

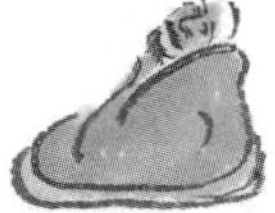

세상은 천년 전이나 지금이나 크게 변한 것은 없다. 변한 것이 있다면 생활 한경이 변한 것이지 그 외는 변한 것이 없다. 천년 전에도 "사람들이 서로 다툰다(人我爭爭)."는 말을 썼고 지금도 그 모습이 변하지 않았다.

이것은 사람과 사람의 정이 변하지 않는다는 말이다. 옛사람이나 지금 사람이나 특별히 인정이 더 있고 덜 있고 하는 것이 아니라는 말이다.

인간 세상은 동서고금을 막론하고 같다고 할 수 있는데 천년 그 훨씬 전에도 세파가 싫다고

숲 속에 흰구름을 벗하고
문 앞에 푸른 산을 이웃으로
세상의 명리(名利)를 벗어나

인간과의 친애를 멀리하여…

라는 글귀를 보더라도 알 수 있듯이 인간 세상은 결코 만만치 않다.

그러해서 인간의 정도 너무 갈구하지 말고, 또 인간의 정을 너무 멀리도 하지 말라. 사람이 서로 만남이 이루어지는 것은 인연(因緣)이 있어서 만나는 것이고, 헤어짐 역시 인연이 다해 헤어지는 것, 아무리 좋아해도 끝내는 헤어지는 것이 인생이요, 미워하고 원수처럼 여겨도 그 또한 잠깐인데, 애써 원한을 맺을 일이 뭐 있겠는가? 한 생각 되돌아보면 지난 역사인데 내 인생의 종착지는 부르지 않아도 가고 있고, 떠밀지 않아도 가는데 지난 과거에 집착해서 원결의 고리만 더한다면, 그 또한 먼 훗날 되돌아보면 씁쓸한 후회만 갯가에 비늘 무더기만큼 쌓이는 것을 그때는 후회해도 아무 소용이 없다.

세상을 탓하지 말라

그러므로 인간 세상은 본래 그 모습이 이것인데 세상을 원망하지도 탓하지도 말라. 세상을 원망하려면 태어나지를 말아야지, 이미 이 세상 사람이 되었으면, 사람과 사람이 하나가 되어야 한다. 너 따로 나 따로는 별 재미없는 일이다. 그저 사람과 사람 속에 주어진 환경에 적응하며 기쁨을 가질 수 있다면 그는 인간 세상을 잘 사는 것이다.

그리하여 나 역시 내 책상머리에 이런 글귀를 붙였다.

눈이 있어도 보지 않음이여

귀가 있어도 듣지 않음이여
경계를 헤집느니 단박에 넘는다.
쉬고 쉬어 또 쉬어서
더 나아갈 수 없는 그곳까지

내가 이런 글귀를 붙여놓은 것은, 세파를 멀리하고 그윽한 산간 고요한 정취 속에 콸콸 떨어지는 계곡 물 소리 들으면서 머물고 있어도 늘 편한 것만은 아니기에 때론 귀를 막고 때론 눈을 감고 생활하는 것이다.

그런 생활 속에도 장벽이 있으니 그것을 분별하지 않으려고 뛰어넘는다. 이렇게 뛰어넘으면 다 되는 것은 아니다. 여기서 호흡을 가지런히 해야 한다. 그래서 나는 "쉬고 쉬어 또 쉬어서" 가는 것이다. 그것이 어디까지냐 하면 "더 나아갈 수 없는 그곳까지"를 말하는데 더 나아갈 수 없다는 말은 더 이상 인내하거나 외면할 수 없는 그곳까지라는 뜻이 된다.

산속의 삶이 이와 같은데, 속세에서 서로 경쟁하고 부닥치는 삶이란 말하면 뭐하겠나? 세상은 무턱대고 산다고 사는 것은 아니다. 세상을 살아가는 데는 무엇보다 지혜가 필요하다. 그것은 세상이 힘만 가지고 되는 것도 아니요, 머리만 잘 굴린다고 되는 것도 아니다. 낮에 길을 걸을 때의 마음가짐과 밤이 되어 어두울 때 걷는 마음가짐은 달라야 한다. 낮에는 모든 것이 눈에 들어오니 생각도 오픈되겠지만, 밤이 되어 어두울 때면 오픈된 생각을 가지고 걷다 보면 위험에 처할 수 있다. 그러기에 조심조심 하는 것이다.

사람들 중에는 여러 부류가 있는데 스스로가 머리가 좋다, 아는 것이 많다, 나는 해박하다 하는 사람들이 있다. 이런 사람들은 아는 만큼 그것을 쓰기 위해서 열심히 꾸려나가는 참모가 제격이고 실제로 보면 그런 경우가 많다.

제아무리 많이 알아도 연일 쏟아져 나오는 홍수 같은 정보를 다 알 수는 없다. 그러해서 항상 머리에 있는 사람은 그런 안다는 부류의 사람을 어떻게 잘 쓸 것인가를 생각하는 사람이다.

되돌아보면 꿈인 것을

세월이 덧없는 것처럼 인생도 덧없고, 쉼 없고, 끊임이 없어서 저기 저 골짝을 흐르는 물과도 같이 잠시도 멈추지 않고 흘러가고 있다.

그렇게 흘러가는 흘러가는 인생이 안타까워 멈추려고 발버둥치는 사람이 있는가 하면, 그냥 흐르면 흐르는 대로 흘려 보내는 사람이 있다.

앞서 흘러가는 세월이 아까워 발버둥치는 사람은 인생을 좀 더 적극적으로 사는 부류에 속한다면, 뒤에 흐르는 대로 사는 사람은 초연한 인생으로서 좋게 보면 초연한 삶이고, 달리 보면 인생을 달관해서 그렇게 살 수도 있고, 또 어떻게 생각해 보면 인생을 바라는 바 없고 포기한 인생으로도 볼 수 있다.

그러나 이렇게 살든, 저렇게 살든 되돌아보면 허망만 더해서 입가에 쓴웃음이 나온다. 가령 그렇게 적극적인 삶을 살았던 사람도 자신의 힘이 쇠락해서 자리에 누웠는데 "어떤 것이 인생입니까?" 또는 "어떻게 살아야 합니까?" 하고 묻는다면 무슨 답을 할 수 있을까를 생각한다.

일찍이 한국 불교사의 한 획을 그은 경봉(鏡峰)스님도 수덕(壽德)이 있어 아흔을 넘겨 사셨다. 그런 분이 생전 하신 말씀에 "인생은 연극이다"라는 말을 자주 하셨는데, 그분이 연극 같은 인생을 말하는 배경에는 보다 적극적인 삶을 강조하는 메시지가 들어 있다.

그의 말을 빌리면 인생이란 연극인데 무대에 선 우리가 한바탕 큰 연극을 해야 한다는 것이다. 이에 덧붙여 생각하면 무대에서 그냥 배우가 아니라, 주연 배우가 되라는 것이다. 알다시피 연극이 아니라도 어느 부류든 주연은 소수에 불과하며 다수는 조연이고, 나머지는 일회용 엑스트라다.

인생은 흐르는 물과도 같아서 주연이든 조연이든 엑스트라든 다 함께 흘러간다. 누가 흐르는 물줄기를 멈출 수 있겠는가? 교회에 가면 "예수 믿으면 천당 가고, 예수 안 믿으면 지옥 간다." 하며 예수 믿지 않으면 지옥에 떨어진다고 으름장을 놓는다. 그런데 사찰에 가면 "선근(善根)을 심어라" 하며 왕생극락을 말한다. 나는 늘 꺼림칙한 것이 '죽어서 천당'이라는 말을 하는데, 이왕이면 살아서 천당 구경이라도 한 번 하면 더 좋을 것인데 왜 죽어야만 천당 가는지, 이에 불교에서는 열반(涅槃, nirvana)을 말하는데 교회보다는 좀 나은 말을 한다. 열반이란 연소되었다는 뜻으로, 죽어서 얻는 것이 아니라 살아서 열반을 얻는 것이다. 하지만 부처님 믿어, 살아서 열반을 얻은 모습은 보지 못했다. 이것은 불교를 부정하는 것이 아니라 이를테면 스님들이 참선을 하고 나아가 남에게 권유하는데, 과연 무엇을 얻을 수 있는지 또한 살아 열반을 얻었는지? 궁금하다. 나의 생각은, 우리가 살아가는 삶의 순간순간이 "열반이요, 지옥이다."라고 말하고 싶다.

왜냐하면 상층 부류의 사람들도 늘 행복하고 기쁘지만은 않다. 하층 부류도 늘 불행하지는 않다는 것이다. 행복도 불행도 순간이다.

그래서 조선시대 서산(西山)대사는 찾아온 손님에게 간밤의 꿈을 말하였다.

"주인이 손님에게 꿈을 말한다. 손님도 꿈을 말한다. 지금 두 사람이 꿈을 말하고 있으니, 이들은 다 꿈속에 사람이다(主人夢說客 客夢說主人 今說二夢客 亦是夢中人)."

이처럼 두 사람이 꿈을 말하니 이는 모두 꿈속에 사람이라고 하였듯이 우리가 사는 것이 되돌아보면 잠시 꿈인 것을 꿈인지도 모르고, 영원한 실체인 양 집착하고 빠져서 악한 생각, 원망하는 마음, 시기하고 질투하고 헐떡거리고, 거짓으로 꾸미고 속이고 하니 허망하고 허망할 뿐이다.

천하절색도 고통이 있고, 그 고통 속에 빠져 목숨을 끊는 것을 많이 보지 않았나. 그리하여 그 어떤 사람도 숨 떨어지면 그것으로 끝인데, 숨이란 들쭉날쭉해서 한 순간이라도 쉼이 없다. 그런 숨이 잠시라도 멈춘다면 그날이 제삿날이다.

바라건대 욕심내지 마라. 천하의 영웅도 동서남북 흙더미 속에서 썩어갔을 뿐이다. 여기에 이름 남기는 것을 말하지만, 이름을 남기는 것도 부질없는 것이다.

인류 역사상 내가 과거에 누구라고 하면서 다시 환생했노라 한 경우는 아직 들은바 없고, 죽어보니 천당이 어떻고 지옥이 어떻더라 하는 말 역시 들어본 일 없어, 차라리 어떤 고승의 말처럼 "인생은 잠시 쉬어가는 것이다"라는 정도로 받아들이면 족하지 않을까 생각을 해본다.

산길 걸으며

거대한 바위 산봉우리인 해인사의 가야산, 여덟 갈래 8폭 병풍처럼 준령이 쭉 뻗은 동화사의 팔공산, 산을 오르는 계곡이 온통 큼직한 바위로 꽉 들어찬 범어사 금정산이며, 모기 때문에 울고 웃었던 통도사 영취산 계곡, 여름 밤 서툰 즉흥 한시를 읊조리던 속리산 법주사 절 뒤편의 그 맑은 계곡 하며, 늦은 가을 밤 눈을 밟으며 올랐던 지리산 법계사, 오색약수에서 걸음을 옮겨 십이선녀탕을 지나 가팔랐던 설악의 정상을 큰 힘들이지 않고 훌쩍 올랐는가 하면, 어느 때는 백담을 거쳐 손전등을 들고 힘들게 올랐던 봉정암의 참배도 좋았다.

눈 쌓인 정월 치악산 등정도 참 즐거웠고, 또한 10여 년 세월 한해도 거르지 않고 오르고 내렸던 무릉계곡이 있는 두타산, 청옥산이 오늘 생각난다. 그뿐이랴. 슬리퍼를 끌면서 온 산을 헤매던 그 시절의 운제산도 눈이 시리도록 아름다움과 슬픔 같은 것들이 갯가에 밀린

비늘 무더기만큼 눈부셨다.

　해인사, 동화사, 통도사, 범어사, 법주사, 용주사, 자장암, 원효암, 도솔암 등의 산간에서 한동안 수행하다 스승이 머무시는 서울 삼각산 자락 적조사 주지 등을 하며 18년을 서울과 수도권에서 살게 되었다. 그렇게 세월이 흐르는 동안 내 마음 한구석은 산을 동경하고 있었다. 산은 항상 나를 반겨 주었고 나는 그 속에 동화되어 기쁨을 가질 수 있었다.

　'산' 하면 무한히 불어오는 맑은 바람, 그곳에 솔이 있으면 솔바람이 되고, 전나무가 있으면 전나무 바람이 된다. 그뿐이랴. 석상 위로 흐르는 샘물을 타고 불어오는 바람은 생각만 해도 머리가 향기로워진다. 그러기에 산은 마음이 슬픈 사람이 오건, 기쁜 사람이 오건, 화난 사람이 오건 결코 거부하지 않고 받아들일 수 있으니 자연이기에 가능한 것이 아니고 무엇이겠나?

　지금 이 글을 쓰는 이 자리가 바로 그런 곳이다. 그렇다고 영원한 안식처쯤으로 여겨 이런 글을 쓰는 것은 아니다. 임제(臨濟)의 수처작주(隨處作主)가 아니라도, 잠시 머무는 곳일지라도 마음의 안식을 가지면 그것이 시공을 초월한 곳이 되는 것 아니겠는가?

　절간에 들어서면 안심료(安心寮)라는 현액을 더러 볼 수 있다. 왜 안심료인가. 안심료는 "편안한 집"이라는 뜻인데 굳이 이 글을 써 붙여 다는 것은 어렵게 볼 것도 없이 인간의 삶이 편하지 못하기 때문이다. 특히 절이란 여러 지방에서 각기 개성이 남다른 사람들이 모여 살기

96

에 더욱 편함을 요하는지도 모른다. 또 한편으로는 인간의 불완전함을 보이는 것이라고도 할 수 있는데, 이는 인간이란 잘 갖추어진 고등 동물이기도 하지만 그 어떤 동물도 인간의 삶만치 파란만장하지는 않을 것이다. 사람이 세상에 태어났어도 한동안은 제 몸을 거의 가눌 수 없다. 그러다 시간이 지나 네발 동물처럼 엉금엉금 기면서 인생은 시작된다. 그러다 두발을 딛고 일어서 사물을 보고 들으며 삶을 인지하지만 아직은 완전한 인간상을 갖추지는 못했다. 그저 부모와 주위의 도움으로 앞으로 넘어야 할 험난한 인생의 준령을 조금씩 준비해가는 과정에 불과한 것이다.

이러한 시기를 점차 보내다 보면 사춘기에 접어드는데 이때 비로소 인간이 무엇인가 하는 것을 알게 된다. 즉 나는 누구인가? 남자는 무엇이며 여자는 무엇인가? 하는 것에 대한 스스로의 의문과 해답을 반복하게 된다. 하지만 아직도 완전한 인간상을 갖추었다고 할 순 없다. 완전한 인간이란 이성간의 결합을 얻거나 이성을 이해하면서 번민하고 나아가 인간의 공동체 일원으로 생을 영위하는 것을 체득하게 되는데 이때가 이성의 범벅시대다. 마치 금은 온전한 금인데 제련을 하지 않은 상태다. 흙이며 돌 성분이며 갖가지 금속 성분이 뒤섞인 상태를 말하는 것이다. 금이 그 가치를 인정받음은 온전한 금으로서 그 역할을 할 수 있을 때 가능한 것이 아니겠나.

오늘 이곳 산자락을 거닐다가 지난날들이 옷깃 사이로 스며들 듯 내게로 왔다가 가려는데 문득 양손을 뻗어 환하게 안고 싶은 충동이 이는 것은, 나의 본래 면목이 아닐까? 스스로 물어본다.

저 건너편 산자락에는 백운이 살짝 얼굴을 내밀며 나에게 손짓하는 것 같고 멀리, 가까이 들려오는 온갖 새들의 지저귐은 희롱하듯 나를 부르는데 이럴 때면 무한히 불어오는 산바람을 한껏 들이마시며 오늘보다 내일의 내 모습을 그려본다.

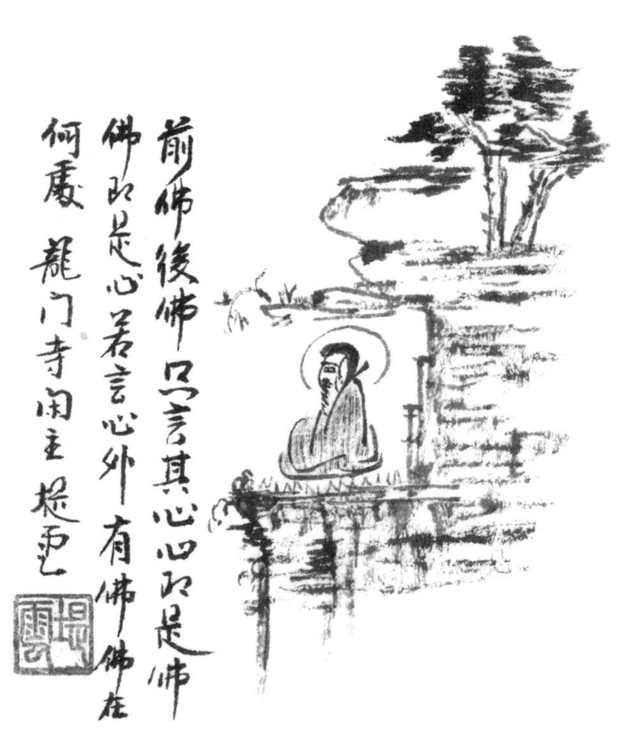

무아(無我)의 노래

되돌아보고 되돌아보니

고개를 저으며 '이것은 아니야' 이 생각 저 생각이 이렇게 깊고 수려한 산간(山間)에도 마치 빗물에 솟구치는 죽순처럼 솟아나니 인간의 번뇌는 진정 어디까지인가? 알기로는 존재하는 것이요, 존재는 실상인데, 그렇다면 실상은 무엇인가? 이것 역시 비유하자면 끊임없이 순환하는 '피'와 같아서 피의 온기, 피의 운기 이것이 다하면 번뇌도 쓰라림도 끝나는 것이 이해되지 않는 바는 아니지만, 어리석은 질문으로, 왜 세상에 나왔나? 세상은 시끄럽고 덧없는 것인데, 한다. 이럴 쯤이면 나를 비롯하여 누구든 나온 곳으로 되돌아가고 싶겠지만 그렇게 되지 못하니 그것이 문제인 것이다.

불교에서 보면 비롯함이 없이 왔다 비롯함이 없이 가는 것, 이것이 무시무종(無始無終)이다. 무시무종이 시간적 개념이요 종적이라면, 윤회하는 것은 공간적으로 횡적이며 환경이다. 바로 이 대목이 인간에게 있어서 아름다움과 슬픔, 미움, 고통, 번민, 나아가 생사의 윤회를 체험하게 하는 것이다.

인간에 있어 시간은 환경이 있기 때문이다. 만약 환경이 없다면 시간도 없다. 우리에게 시간이 없다면 어떨까? 상상이 잘 안 된다. 시간이란 필요악으로서 누구에게나 같은 양으로 주어지는 것이다. 이곳에 빈부가 어디 있으며 높고 낮음이 있겠는가? 인간의 역사에서 변함이 없다면 이것은 시간적 개념이다. 누구나 같은 시간을 배정받았지만 그 시간을 어떻게 활용했느냐, 이것이 중요하다.

어떤 때는 내가 쓴 시간 중에 잘라버리고 싶은 시간이 있다 하지만 그렇게 할 수는 없다. 어찌 보면 시간이란 한번 스치는 바람과도 같고 한번 들렸던 소리와도 같고, 한번 번쩍하며 지나가버린 빛과도 같아서 그 실체를 파악하거나 그것을 묶거나 할 수 없다. 이것이 차라리 스치는 바람과 같다면 얼마나 좋을까만 그렇지 못하니 문제인 것이다.

이것은 백색 마약과도 같아서 충격 없는 충격을 주어서 이에 수많은 영웅 인걸이 개탄하며 외치게 된 것이 무상, 무상(無常)인 것이다. 보라, 무상이 무슨 실체가 있으며 세월은 바람과도 같은데 무슨 흔적이 있나. 흔적 없음이 백색 마약과 무엇이 다르단 말인가? 문제는 시간이든 세월이든 그 무엇이 됐든 그것이 중요한 것이 아니라 어떤 환경을 만났고 어떤 환경 속에 인생을 노 저으며 왔다갔는가 하는 이런 것 아니겠나?

무아의 노래

무아(無我), 나 없음을 단 하루라도 노래해 보면 어떨까? 자나 깨나 나, 나, 나를 외치고 한 발 더 나아가 "나는 무엇을 할 수 있다"는 자기 암시 뇌까림이나 하고 있으니 어떨 때는 인간이란 한마디로 가엾고 불쌍하기가 그지없는 것이구나 하는 생각을 한다.

이제는 생각의 편견으로부터 자유로워질 필요가 있다. 오늘날 첨단이 어떻고 하는 그 바탕엔 '인간이 최고다', '인간은 영원하다' 라는 의식 등이 깔려 있는데 분명한 것은 그렇지 않다는 것이다. 왜냐하면 앞서 '종적, 횡적' 인 것을 언급했지만 가도가도 끝이 없는 그 길을 끝이 있다고 우긴다면 그것은 억지일 뿐이다. 오늘날의 가장 빠른 수단으로, 그것이 음속이든 광속이든 관계하지 않고 세상에 태어나면서 바로 출발을 해서 죽는 순간까지 세상을 탐험한다 해도 세상 끝은 알 수 없다는 정도는 초등학생도 끄덕이는 사실이다. 시간적으로도 가늠할 수 없어서 '광년(光年)'을 들고 나오고 하지만 분명한 것은 세상에 태어나 죽는 그날까지 가도 다 갈 수 없다면 세상은 끝이 없는데 여기에 누가 감히 시간의 끝을 말할 수 있단 말인가. 한마디로 억지일 뿐이다. 시간도 없고 공간도 없는데 '있다, 있을 것이다' 는 착각을 하면서 모든 인간들은 살아갈 뿐이다.

요즘 사람들은 세상에 너무 집착하는 것 같다. 세상은 영원하다고 할 수도 없고 그렇지 않다고 단정할 수는 없지만 분명한 것은 이 세상 그 무엇도 영원성이 없어서 실체가 없다는 것이다. 실체가 없는 것을 실체가 있는 것처럼 착각을 하는 데서 문제가 생기고 세상을 시끄럽게 할 뿐이다.

우리는 세상이라는 무대를 잠시 사용하기 위하여 세상에 온 것이다. 그러기에 무대가 내 것 네 것인 양 다투어야 할 이유가 없는데도 불구하고 욕심내고 거짓말하고 사기치고 술수 부리고 하는 이런 모든 것들은 마치 남의 집에서 남들이 물건을 홍정하는데 자기 물건인 것처럼 끼어들어 참견하는 것과 다름이 없는 것이다.

눈 내리는 오늘

창가에 앉아
하얀 눈꽃 바라보며
잠시 추어에 젖어든다.

거리엔
사람사람이 굴비가 되어
눈꽃에 뜨거운 키스를 한다.

메말라 튼 나무들
솜털 외투로 감싼 채
랄라라 라라 노래 부르네

봄날 봄바람에

벗꽃이 휘날리듯

눈꽃도 그러했다, 오늘

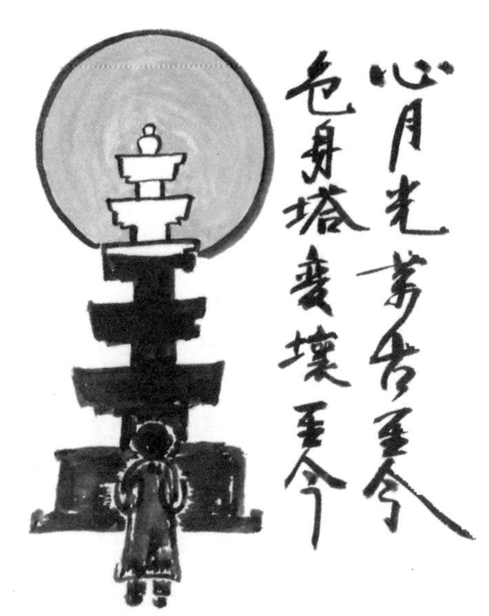

나는 누구인가?

나는 누구인가? 나는 누구인가? 스스로에게 묻고 또 묻기를 반복해도 선뜻 답이 나지 않는다. 왜일까? 이렇게 글을 쓰는 내가 존재하는 것은 분명한데 이것이 나라고 단정할 수 없으니, 나란 존재하면서도 그 존재를 찾지 못해 인정도 할 수 없다는 것인가? 아니, 배고프면 밥 먹을 줄 알고 똥 마려우면 화장실을 찾을 줄 아니, 그것이 나인가? 그것이 나라면 나 찾을 것이 뭐 있나. 있는 그대로가 나인데 그렇다면 그것이 나라고 여기고 나를 찾았다고 할 수는 없지 않겠나.

내가 오늘 나를 찾아 스스로에게 묻는 까닭은 배고프면 밥 먹고 잠 오면 잠잘 줄 아는 생명체가 준동하는 육체와 생각하는 정신을 가졌지만 하나의 유기체로서 또한 생각할 줄 아는 고등 동물로서 객관성이 떨어진다는 것이다. 이 객관성은 보편성을 띠는 것이며 이 보편성은 수많은 종의 동물 세계에서 거의 완벽이라는 단어를 써도 될 만한 가치를 부여받은 인간인 동시에 그 가운데 나 자신이 포함된다는 것이다.

불교에서는 과거, 현재, 미래를 통해 108가지의 번뇌를 일으킨다고 하고 또는 찰나(눈 한 번 깜빡이는 순간)에도 번뇌를 일으킨다고 한다. 이러한 것들이 중생이며 나 자신이라고 본다면 보편성으로 돌아가 신령스러운 인간이기에 가능하다. 이것이 보편성이라 한다면 이 또한 나를 찾고 말 것이 없지 않느냐. 불교에서 모든 현상을 색(色)이라 하고 경계(境界)라고도 하는데 인간은 400종이 넘는 색 즉, 빛깔을 구별한다고 하니 번뇌인들 일으키지 않겠나 하고 치부해 버리면, 이것도 그런 대로 넘어갈 수 있다.

하지만 나 자신을 비롯한 모든 인간의 공통점은 스스로가 스스로를 믿을 수 있어야 하고, 그로 인하여 판단에 오차가 없어야 하는데, 그렇지 못하다는 데 문제가 심각하다. 나는 동으로 가고 싶은데 나는 서로 간다. 그렇다면 동으로 가는 놈은 누구며 서로 가는 놈은 누구냐? 동으로 가는 놈도 나이고 서로 가는 놈도 나이다. 그러니 어떤 놈이 진짜 나이고 어떤 놈이 가짜 나인가?

이것 또한 달마 혈맥론(血脈論)에 보면 "번뇌 즉 보리요, 보리가 번뇌다(煩惱則菩提 菩提則煩惱)."라고 한다. 즉 중생이 부처요 부처가 곧 중생이니, 더 이상 논할 것이 없을 터인데 그렇지만 나 자신을 볼 때 그렇지 않으니 문제인 것이다. 절대로 나는 부처라고 할 수 없으며, 중생이라 못 박을 수 없다. 그것은 불성이 있으니 중생이라고만 단정할 수 없다는 것이다. 그렇다고 불성만 믿고 나를 부처라 할 수도 없다. 분명한 것은 끝없는 번뇌 속에 살아가는 것이 나고, 인간이라고 여길 수는 있지만 그렇게 적당히 넘길 수 없는 것, 쉬운 말로 갈등이다. 이 갈등은 왜 일어나나? 갈등은 스스로가 결정을 하고 행함에 있어 뜻을 세운 대로 그것을 원만히 수행하지 못하는 데 있다. 만약 내 자신이 뜻을 세운 대로 오차 없이 실행할 수만 있다면 나는 누구인가 단어를 떠올릴 필요는 없을 것이다.

나는 누구인가? 인간은 끝없는 길을 끝없이 여행하는 나그네다. 끝없이 걷다 보면 발이 아픈 것을 느끼게 되고 그럴 때 쉬고 싶을 것이다. 또 멀리 가까이 다가오는 산천 누리를 바라보면 고개가 아플 것이다. 그럴 때 조용히 눕거나 쉬고 싶을 것이다. 그뿐이랴. 생리적 본능에서 오는 욕구는 어떻게 처리할 것인가? 남자는 18세가 되면 생리적 충동에 의해 충동적 발산을 하고 싶어한다. 여자는 18세가 되면 백마를 탄 기사를 그리며 수줍어한다.

이러한 인간의 보편 구조 속에서 끝없는 여행을 하다 보면 각기 나라마다 법이 다르듯 본능은 자연이고 자연이고자 하지만 그렇지 못하다. 날이 무덥다고 홀딱 벗고 사는 사람은 거의 없다. 자연에서 생활하는 짐승처럼 아무렇게나 행동하고 생활할 수도 없다. 이러한 모든 것이 인간에 있어서는 때론 굴레가 되고 번민하고 고통스러워한다.

나는 누구인가? 저 넓은 황야를 마음껏 누비며 기쁨과 희망, 꿈으로 가득한 그것이 나이다. 그런가 하면 누가 나를 묶지 않았지만 나는 쇠사슬에 묶여 고통스럽게 신음하는 것이 나이다. 때론 아름다운 여인을 가슴에 마음껏 품어보는 것이 나이다. 그 뿐이랴. 어디든 오르지 못할 것이 없는, 다 오를 수 있다는 생각을 하는 것이 나이다. 그러면서도 슬픈 모습을 보고 한없이 함께 슬퍼할 수도 있는 것이 나이다.
기쁨 또한 마찬가지이다.

그렇지만 밤이 되면 고독하고 낮이면 쓸쓸하다 못해 허전한 이것이
나이다. 나는 누구인가? 반문만 해볼 뿐이다. 나는 누구인가?

눈 먼 거북의 노래

나는 오늘도 밤 깊은 줄 모르고 거리를 헤매다, 자정이 지난 시간에 내가 거처하는 곳으로 돌아왔다. 아무도 없는 텅 빈 공간, 그렇다고 새삼스럽게 고독하다 슬프다 하는 생각을 일으키지 않는다. 출가를 해서 일정 기간 수행의 문턱에 서 보니 이렇게 사는 것도 운명인지 숙명인지 아무튼 쉬운 말로 이런 것을 팔자라고 하는지 잘 모르지만, 만약 내가 술을 좋아했다면 아마도 술고래가 되거나 술주정뱅이, 알코올 중독자가 될 수도 있었을 것이다. 나는 다행인지는 몰라도 술을 먹지 못한다. 이것은 하나의 혈통이다. 나의 부친이 술을 못하시니 그 혈통을 그대로 받았다. 물론 어떤 사람이 나에게 "스님이 술을 하신대서야 됩니까?" 한다면 뭐라 딱 할 말은 없다. 그러나 오늘 이 글을 쓰는 순간 스님이니 수행자니 성직자니 하는 직위, 신분을 다 떼고 말하고 싶다. 나의 솔직함이 불가 전체를 봐서 옳지는 않겠지만 수행자 이전에 인간이고 그런 인간이고 싶다.

사람들이 흔히 말하길 수행하는 스님들은 온갖 걱정 없이 편하게 사는 것같이 말한다. 그러나 수행자도 다 같은 인간이다. 인간이라 함은 번뇌로 뭉쳐져 있는 동물이다(煩惱卽菩提). 만약 인간이 번뇌가 없다면 생각이 없다는 것이고, 생각이 없다면 지혜 또한 없는 것이다. 더 나아가면 아무것도 없다. 시쳇말로 송장이다.

인간은 번뇌를 일으키고 고뇌하고 슬퍼하고 기뻐하며 그렇게 사는 동물이다. 동물이라 함은 늘 움직임이 생명이다. 고정되어 살 수 없다. 몸도 고정될 수 없고 마음도 고정될 수 없으니 인간은 늘 불안하고 불완전한 궤도를 따라 돌 뿐이다.

우리에게 잘 알려진 명사들도 가까이 다가서면 피상적으로 보는 모습과는 깜짝 놀랄 정도로 다른 삶을 사는 것을 얼마든지 볼 수 있다. 그것은 그렇게 하고파 하는 것이 아니라 인간에게 주어진 한계성이라 하면 어떨는지? 인간은 늘 한계에 부닥친다. 그렇게 부닥치는 한계 때문에 괴로워하고 슬퍼한다. 우리에게 잘 알려진 일본의 노벨문학상 수상 작가인 가와바다 야스나리(川端康成, 1899~1972)도 늦은 나이에 조금만 더 버티면 자연히 갈 것을 그가 갈구한 것이 인생의 아름다운 미학이라면 그의 후계자의 죽음이 그에게는 허무이자 무상이 되었을 것이다. 그런 것 때문인지는 몰라도 그는 자살하고 말았다. 그의 뒤를 이을 만한 금각사(金閣寺)의 저자인 미시마 유키오(Mishima Yukio, 소설가, 행동주의자, 1925~1970)도 여러 차례 노벨상 후보로 거론된 바도 있고, 그를 아끼는 일본인들의 마음속에는 장차 가와바다 야스나리의 뒤를 이을 큰 문호로 여겼지만 그는 모든 사람들의 희망을 뒤로한 채 행동주의자로서의 모습을 실현하여 죽고 말았다.

이것은 조금은 다른 측면도 되겠지만 베토벤이 괴로워한 건 청각 때문만은 아닐 것이다. 또한 철학자이자 문인인 까뮈(Albert Camus, 소설가, 1913~1960)가 불안한 인생을 산 것도 그가 아무리 인생의 길을 제시하는 철학을 하고 문학을 했다 할지라도 결국 인생은 불완전한 데서 왔기에 불완전한 궤도 위에 살아가는 우리의 한 단면이라 말하고 싶다. 그 외에도 「악의 꽃(Fleurs du Mal, Les)」으로 유명한 프랑스 시인 보들레르(Baudelaire Charles-Pierre, 1821~1867)도 30가지가 넘는 병중에 정신 분열증까지 가지고 있어서 때로는 길거리에 쓰러지고 헤매는가 하면, 그런 그가 자기의 글에서 콤마 하나도 함부로 수정하지 못하도록 한 그런 고집이 있다.

인생이란 이러하기에 제아무리 뛰어난 성직자라 해도 완벽한 삶을 살 수는 없는 것이다. 그것은 멀리 보이는 강산이 아름답지만 현실은 다르다. 이것은 아름답다고 여기는 여인들도 마찬가지다. 무엇이 아름다운가? 아름답다고 여기기 때문이다. 그리고 남자의 본능에서 느끼는 감정 때문이지, 그런 것을 다 떠나면 아름답고 말고 할 것이 없다. 누구나 젊음의 한때는 꿈이 있어서 아름다울 수 있고, 늙고 병들면 그대로 슬픈 것이다. 이러한 것은 물질 문명 시대에 내세우는 물질과는 관계가 없다. 한번 물어보라. "늙어서도 슬프지 않겠지요?" 라고 말이다.

이렇게 내세우는 것은 좋은 예로 18세 소녀가 몸에 치장을 많이 해서 아름답거나, 탐나는 것이 아닌 것과 같은 것이다. 발가벗은 상태에서는 빈부귀천 직위 고하가 없는 것과 같은 것이다. 그러므로 인간은 불완전한 데서부터 왔으며, 그러기에 불완전한 삶을 살아가는 것이다.

찜질방이 좋아요

많은 직업 중에 목욕업이 있다. 나는 늘 생각하지만 목욕업을 하는 사람은 돈을 얼마나 버는지는 몰라도 복을 많이 지을 수 있는 직업이라는 생각을 한다. 왜냐하면 목욕이란 사람들의 몸을 깨끗이 해주기 때문이다. 몸만 깨끗하게 하는 것이 아니라 몸을 깨끗이 하다 보면 마음도 깨끗해질 수 있다.

이렇듯 몸과 마음을 깨끗하게 해줄 뿐 아니라, 오늘날 목욕탕은 심신의 고단함을 풀어주는 좋은 휴식 공간이다. 나 역시 나이가 들다 보니 이런 곳이 참 좋고 편해서 자주 이용을 하게 된다. 어떻게 생각하면 목욕탕 가는 것이 무슨 대수인가라고 반문할 수도 있겠지만 목욕탕도 마음이 편하고 시간이 있어야 가능하지 먹고 살기가 힘들어 시간이 없거나 마음이 혼란하여 안정되지 못하면, 느긋함을 요하는 목욕 문화를 한껏 즐기지 못할 것이다.

특히 요즘은 사우나를 넘어서 우리의 온돌 문화에서 나오게 된 '찜질방'이 참 좋다. 그곳에서 가만히 누워 있으면 마음도 편안하고 몸에는 뜨거운 땀방울이 맺히게 되는데 이쯤이면 굳어 있거나 얼어붙은 몸이 풀리게 된다.

목욕 문화가 최상이다, 최고다, 무조건 좋다는 생각을 할 수만은 없을 것이다. 자칫하면 퇴폐해지고 타락할 수 있기 때문이다. 길을 걷다 보면 가끔 눈에 띄는 것이 터키탕(Turkish)이니 증기탕(蒸氣)이니 하는 것이다. 터키탕이라 하면, 중동 지방의 목욕 문화로서 뜨거운 증기에 몸을 쬐었다가 시원하게 냉수욕으로 마무리 하는 목욕법의 하나다. 증기탕은 주로 여성들이 많이 하는 것으로 여겼는데, 언제부터인가 남자들의 휴식처 내지 마사지 서비스를 받는 곳으로 변질되어버렸다.

이것은 지난 역사에서도 많은 교훈이 있는데 로마가 망할 때 목욕 문화가 성행했다는 사실은 찬란했던 그들의 유적에서 찾을 수 있다.

실로 목욕 문화가 발달한 만큼 나라가 부유하고 부강할 수도 있고, 또 반대로 나라가 퇴락으로 떨어질 수도 있다.

기독교 국가로서 부패한 덴마크 사회에 당시 세계는 전쟁 중이고 목사는 목회의 길을 가지 않았다. 그러므로 외롭게 스스로를 지탱해야 하는 사회 구조에서 키에르케고르(Kierkegaard, 1813~1855)는 "신 앞에 단독자"라는 용어가 그에게 적절했는지도 모른다. 그것은 그 자신이 신학을 공부한 신학자로서 사상가요, 철학을 바탕으로 한 작가이기 때문에도 더욱 그랬을 것이다.

목욕 문화 하면 일본을 빼놓을 수 없다. 일본은 동쪽으로 태평양을 바라보고 서쪽으로는 우리의 동해 바다가 있다. 그리고 남쪽으로는 태평양의 더운 물과 서해의 찬물이 서로 만나고 또 동남 지역에서 오는 따뜻한 기운이 습한 공기를 만들기 때문이다. 목욕 문화는 지형학적인 것과 생활의 환경이 그렇게 만든다.

그렇지만 아무리 환경이 그렇고 부국하다고 해도 그들이 그것을 좋아하지 않으면 발달할 수 없는 것이다. 가령 땅속에 온천이 있다 해도 그들은 온천을 개발하지 않을 것이다. 반대로 일본이나 한국 같은 나라는 온천이 나지 않아도 온천을 만든다. 우리나라에 진짜 온천이 나고 또 그 물로 온천장을 만들어 100% 온천물을 쓰는 곳이 얼마나 되겠는가? 그러나 이웃나라 일본이 그만큼 잘 사는 데는 그들만의 목욕 문화도 무관하지 않다고 생각한다. 사람이 발가벗은 상태에서는 높낮이가 없어서 마치 "큰 거울 앞에서는 친소(親疎)가 없고, 평등한 성품에는 너와 내가 없는 것(平等性中無彼此 大圓鏡上切親疎)"과 같은 것이다. 그들의 목욕 문화를 보면 막부시대에서 현재까지 그들은 우리나라 사람들과는 매우 다른 것을 느낄 수 있는데 그들은 친한 친구가 집에 찾아오면 자기의 부인을 시켜 친구의 목욕을 도와주도록 한다. 우리나라에서는 상상하기 힘들다.

우리나라가 옷깃을 여미는 민족이라면 일본은 옷깃을 푸는 민족이다. 옷깃을 여미는 것을 항상 미덕으로 삼아 왔기에 그것이 한 개인을 넘어 나라의 빗장까지 걸어 잠갔다. 이것이 조선시대 쇄국 정책(鎖國政策)인데 그렇게 해서 얻은 것이 무엇인가? 당시 서양인들이 바라볼 때 미개국(未開國), 미개인(未開人) 그 이상도 이하도 아니다. 그런 것

114

이 외세로부터 침범을 당해야 하는 꼴이 되었다.

발가벗고 찜질방에 앉아 있으면 남녀가 가깝고 먼 것이 없다. 어쩌다 몸이라도 부닥치면 피식 웃을 뿐이다.

인생은 드라마다

　우리는 살아가면서 순간순간을 미처 알지 못하고 산다. 이 말은 당시는 바로 보고 바로 판단한 것들이 시간이 지나고 보면 제대로 판단하지 못했다는 것을 보면 알 수 있다. 지금 생각해 보면 당시에 머리가 뒤틀린 것도 아니고, 눈이 어두워진 것도 아니고, 몸이 말을 듣지 않는 것도 아니니, 분명히 바로 판단한 것으로 여겼는데 되돌아보면 그렇지 못한 것이다.

　인생이란 마치 한편의 드라마와 같아서 내가 살길로 접어들 때면 사는 쪽으로 엮여져 간다. 본시 드라마라는 것은 각본에 의하여 꾸며지는 것으로 도저히 현실감으로는 이해되지 못하지만 성공한 사람이나 어떤 일이 잘 이루어질 때는 이루어지기가 쉽지 않는 그런 것들이 리얼(real)하면서 또한 절묘하게 이루어진다.

그것을 이해하자면 사람이 물에 들어감에 물이 깊은 쪽으로 점점 들게 되는데, 여기서 살 사람은 물이 가슴에 닿는 정도에 이르면 스스로 위험하다는 것을 알고 몸을 획 돌려 헤엄을 치거나 걷거나 해서 나오게 되며, 죽을 사람은 물이 몸 전체를 삼키고 목구멍을 지나 입 가까이 와서야 돌아나오겠다는 생각을 하는 것이다.

나는 가끔 텔레비전 연속극을 보면서 현실감이 없음을 생각하고 또 그런 이야기를 남들에게 말 한 경우가 있다. '이것은 각본이지 현실감이 없다.'라는 생각을 하면서 너무도 현실감 없는 현실을 리얼하게 제시함으로 시청자의 관심을 끌려는 정도로 인식하여 지금도 그런 내용은 별 흥미를 가지지는 않는다. 그러나 인생이란 하도 묘하고 묘하여 마치 한편의 드라마보다도 더 절묘한 만남과 극적인 반전 속에서 울부짖고 통곡하기도 한다. 가난한 집안에 걸인 생활을 하고 배운 것도 없는 사람이 어느 날 크게 성공하여 금의환향하듯 한 모습에 사람들은 매료되고 흥미를 가지게 되는데, 이런 것들이 하나의 각본에 지나지 않는다는 정도로 생각해 버릴 수 있지만 생각해 보라, 성공한 사람이 확률적으로 얼마나 되겠나? 이 사회에서 성공하고 성취한 삶은 아주 작은 바늘구멍 속의 인생과 같아서 각본이다 드라마에나 있을 법한 것이 현실로 다가서는 만큼 쉬운 일이 아니다.

그러므로 우리 사회 지도자급 인생을 들여다보면 그들이 살아온 여정이 수만 갈래지만 그들은 그 중에서도 항상 지름길을 택해서 남보다 더 빨리 더 높게 그 위치에 올랐다. 하지만 그러한 과정이 순탄하게 이루어진 것은 아니다. 내가 살기 위해서 상대를 죽여야 하고 그러기 위해서는 공작을 해야 하는 그런 것들이 만약 저 높은 곳에서 내려 다본다면 '인간들이 쇼를 하는구나.' 할 것을 생각하며 스스로 싱긋 웃음 지어본다.

아무튼 인간이란 산에 가려고 하니 장날이고, 들에 가려고 하니 집 안에 일이 생기듯 이래저래 걸리지 않음이 없어서, 때론 쇼를 하는 것인 줄 알면서도 그냥 넘어가고 트릭(trick)인 줄 알면서도 속아주 고 한다.

인생이란 그러해서 때론 각본을 짜보고, 때론 각본을 찢고 하다 보 면 어느새 흰 머리 흰 수염 쓰다듬으며 지난날을 되돌아보게 된다.

이슬 꽃

저녁연기 피어오르고

창살은 빗물에 젖어

영계(靈溪)의 물소리 더해도

조주(趙州) 차 한잔에

주객(主客)의 경계 끊어지니

삼세불(三世佛)도 그대로요

범성(凡聖)도 분명해서

청산(靑山)은 부동(不動)이요

유수(流水)는 바람이어라

어젯밤 관음(觀音)의 소식을 아는가,

난초 잎에 이슬 꽃이어라.

연일 쏟아지는 빗물에 용문산은 온통 물바다인데, 비만 오는 것이 아니라 바람도 함께 부니 한옥 요사(寮舍) 문살이 비에 흠뻑 젖었고, 천년의 숨결이 흐느끼는 영계(靈溪) 흐르는 물소리 우렁차게 들려온다.

(여기까지가 현상 즉, 경계며 서론(序論)과 같다.)

이럴 때 조주(趙州, 778~897. 중국 임제종 스님, 당나라 조주 땅에서 오래 살아서 조주라 함) 스님은 납자(衲子, 참선하는 스님)를 접함에 '차' 로써 법거량(法擧量)을 많이 하기에 후인이 "조주 차"를 들고 나오고, 이밖에도 우리에게 많이 알려진 '조주의 무(無)', '조주구불성유부(趙州狗佛性有否)' 등 많은 공안(公案)이 있는데, 스님들이 차를 함께 하면서 주고받는 거래가 조주의 공안과 다르지 않기 때문에, 끽다(喫茶)를 하는 순간, 온갖 의단과 근심을 놓아버리면 경계가 끊어져 주객이 없게 된다.

그러므로 "과거불이나 현재불이나 여여(如如)해서 깨달으면 부처요, 깨닫지 못하면 범부다." 이에 청산은 현상으로서, 푸르기도 하지만 부동(不動)이라 주인도 되며, 어느 때는 진여(眞如)며, 법성(法性)이 된다. 이에 반하는 '유수'는 마치 실체가 없는 구름과 같아서 바람에 비유했으며, 바람은 떠도는 나그네가 되기도 한다.

(이 대목에서는 '茶'라는 theme가 등장함으로 해서 能所 즉, 주객(主客)이 하나가 되는 것으로, 본론(本論)에 해당됨.)

어젯밤 관음(觀音)의 소식이란 선문(禪問)으로서 지난밤 공부 경계를 암시한 뜻이고, 이에 답이라면, "난초 잎에 이슬 꽃"을 든 것은 마치 눈에 광명이 열리고 보니 모든 경계가 거울 앞에서는 흰 것은 흰 대로, 검은 것은 검은 대로의 현상을 보는 것과 같은 뜻으로 이해하면 될 것이다.(이 대목에 와서는 주객 경계 그 어떤 것도 다 뛰어넘어서 현상으로 돌아왔으니, 결론(決論)이 된다.)

행복은 어디에 있는가?

누가 말을 했던가? "세상은 넓고 할일은 많다"라고. 세상이 넓다고
말하는 사람도 있고 좁다고 말하는 사람도 있다. 그거야 생각하기 나
름이다. 세상이 무엇인가? 인간들이 모여 사는 곳이다. 인간들이 모
여서 어떻게 사느냐? 사는 대로 살겠지. 말도 안 되는 소리, 그래 말
도 안 되는 소리처럼 인간들이 산다.

오늘날 사회를 첨단 사회, 인간 중심 사회, 핵가족 사회, 물량주의
사회, 남녀 평등 사회, 여권 신장 사회, 황금 만능주의, 나아가 빈익빈
을 논하다 양극화가 어쩌고 하지만 이는 배곯다 도토리 씹는 소리일
뿐이다. 왜냐하면 세상에 처음 나와 세상을 바라볼 때 세상은 아름다
웠다. 푸른 곳은 푸른 대로 아름다웠고, 붉은 곳은 붉은 대로 아름다
웠다. 하지만 지금은 다르다. 붉은 것을 붉게 보지 못하고 푸른 것을
푸르게 보지 못한다. 왜냐? 인간들이 얼마나 영특한지 푸르게 다가와

야 할 앞의 대상이 붉다 못해 시뻘건가 하면 그것도 아니고 이것도 저것도 아닌 색을 조작해서 내 눈을 비롯한 모든 인간들의 눈을 가리고 현란하게 하는 것이 바로 인간들이 만들어낸 색소 때문이다. 예전 같으면 기름 한 방울 오염되지 않은 노란 황톳길을 보고 걷고 할 것을 지금은 기름때에 젖어 시커멓게 된 땅을 밟아야 한다.

아무리 오늘날 사회가 배불리 먹고 다양한 볼거리가 있고 다양한 문화를 즐기며 산다 해도 인간의 생태 구조에는 한계가 있게 마련이다. 그렇기 때문에 복잡 다변한 사회 구조일수록 인간은 퇴보한다. 이런 말이 말도 안 되는 소리라 할지는 몰라도 여기서 말하는 퇴보란 인간의 몸을 생태학적으로 볼 때 도움이 되지 못한다는 뜻이다. 본래 약이란 병이 있기 때문에 존재하는 것이다. 따라서 병이 없다면 약이 없다. 오늘날 약국에서 파는 약이 얼마나 많은가? 이것은 인간들의 병이 그만큼 많다는 뜻이다.

인간은 육체도 소중히 여기지만 정신도 중요하게 강조된다. 건강한 육체 건강한 정신, 이런 것이 현재 사회에서는 안이 떫고 쓴 도토리 씹는 소리라 말했듯이 오늘의 사회는 사후 약방문 격이다. 앞서 언급한대로 병이 없으면 약이 필요치 않는데 오늘날은 너무도 병이 많다. 이런 것이 인간이 만든 작품인 것이다. 마치 우리가 항생제를 만들어 사용함으로 해서 그것이 병의 단위를 점점 높게 만든 것과 같다.

오늘날 사람들이 초등학생부터 80세 노인까지 스트레스 안 받고 스트레스 이야기 안 하는 사람은 없다. 왜 스트레스를 받아야 하나? 가령 휴식을 취한다고 텔레비전을 본다고 하자. 순간은 재미가 있겠지만 늘 봄으로 해서 문제가 발생하는 것이다. 그 문제는 미디어의 본산이라 할 수 있는 방송국에서 시청자를 끌어들이기 위해 만든 작품을 유심히 보면 이것 또한 쓰고 떫은 도토리를 씹는 것과 다름이 없다. 그렇다면 텔레비전을 보지 않으면 될 것 아니냐 반문하겠지만 그것도 말이 안 된다. 텔레비전 보는 것은 일상이기 때문이다. 그것은 매일 의복을 입거나 밥을 먹어야 하는 것과 별반 다를 것이 없다. 문제는 각본이 너무 완벽하다는 것이다. 얼마나 완벽한지 좀 거창하게 말을 하자면 우주에서의 지구란 야구장의 모래알에 지나지 않는데 만약 방송국에서 각본을 쓴다면 야구장만한 우주 속에 모래알만한 지구도 쉽게 찾을 수 있을 것이다. 그러하듯 그들이 만든 작품을 초등학생부터 80노인까지 밥 먹듯 일상으로 보는 것을 현실이 아니라고 치부하기에는 무리가 있다. 그러면서도 그렇게 받아들여야 할 현실이 너무도 비현실적이다. 일상처럼 받아들여야 할 것이 너무도 큰 괴리감이 있으니 이러한 현실 속에 비현실 문화를 접하는 인간들이 충돌이 생길 수밖에 없다. 그것이 바로 스트레스인 것이다. 이것은 인간이 만든 컴퓨터가 하드 단위를 높게 설정함으로 해서 스스로가 그것으로부터 헤어나기 힘든 것과 같은 것이다.

나의 공부 이야기

내가 강원도 정선 불암사(佛岩寺)에 머물 때다. 이른 새벽 심산유곡이지만 물 흐르는 소리조차 들리지 않는다. 계곡은 있지만 매서운 한파가 지속되었기 때문이다. 계곡만 언 것이 아니고 산도 얼고 나무도 얼고 산간에 머무는 산사람들 마음까지 얼 정도로 그해 겨울은 추웠다. 강원도 땅에서도 정선 화암리는 첩첩산중이요, 오지 중에 오지다. 내가 이곳에 머물게 된 것은 입산하여 수행의 문턱에 들어선 지 5년째 되는 해다. 내 나름대로 수행한다 하면서 이산 저산, 이곳 저곳, 때론 선방에서 또는 토굴을 찾고 선지식을 알현하고 도우(道友)를 만나 공부에 대한 이야기를 주고받기도 하였는데 갑자기 건강이 좋지 않았다. 요즘 같으면 당장 입원을 해도 몇 번을 했어야 하는 중대한 병에 걸린 것이다. 어쩔 수 없이 이곳에 오게 되었고 이곳에서 몸을 추스를 수밖에 없었다.

수행자라면 다 그렇겠지만 나는 그것이 좀 더 하였으리라 생각한다. 나는 남보다 고집이 세고 특히 알량한 자존심 때문에 한번 수행의 길로 들어서면 죽음도 그렇게 받아들여야 한다는 생각을 하였다. 그러기에 주변에서 다시 세속의 부모 형제의 도움을 받든지 그렇지 않으면 절간에서 맺은 스승의 도움이라도 받아야 하지 않느냐는 그러한 말들을 뿌리치고 이곳에 왔던 것이다.

당시 이곳에는 서암스님이 먼저 와서 황망한 산비탈 틈에 터를 조금 다듬어 토굴을 막 지었을 때다. 토굴이라고 해야 개울의 돌을 주워 흙과 함께 반죽을 해서 벽을 만든 것이 고작이다. 그 해 겨울, 흙이 채 마르기 전이라 불을 지피면 녹아서 물이 벽을 타고 줄줄 새기도 하였다. 이런 곳에서 매일 새벽 3시에 부처님께 예불을 하고 새벽 공부를 하였다. 그리고는 아침 공양을 하고 1km 정도 걸어가면 약수터가 있는데 이 약수가 바로 유명한 화암(畵岩, 그림바위) 약수다. 광물질이 있어서 물 흐르는 곳으로 붉게 색이 배 있고 물이 솟을 때 사이다처럼 톡톡 튀었다. 이 물이 나의 병에 효과가 있다는 것을 알게 되어 이곳으로 왔고, 또한 열심히 물을 길어 마시길 게을리하지 않았다. 무엇보다도 건강할 때에 제대로 하지 못한 불가의 수행 공부가 건강이 좋지 않아 사경을 헤매고서야 비로소 지난 4년 동안 내가 무엇을 했나 하는 생각에 부끄러움이 심신을 눌렀다.

보왕삼매론에 "병 없기를 바라지 마라"고 했다. 건강할 때는 망상이 많이 일어난다. 막상 병이 들었을 때 공부해야겠다는 생각이 간절히 일었다. 그러기에 나는 스스로 다짐하기를 허리를 눕히지 않겠다는 각오를 하였다. 요즘 세간에 많이 알려진 '장좌불와(長座不臥)'인 셈이다. 말이 장좌불와지 쉽지 않았다. 몸이 좋지 않으니 차라리 죽음을 맞을지라도 공부하다 죽겠다는 그런 다짐으로 수행을 하였는데,

밤에는 주로 참선을 하고 낮에는 나무를 했다. 자르고 패면서 시간을 보내고 또는 경책을 보기도 하였다. 당시 스승이신 경산(京山)스님은 수행가로 행정가로 전국에 명망이 높았던 분이다. 내가 이곳에 오기 얼마 전 스승을 잠시 모셨는데 그때 강원도 등명 낙가사 토굴에 계셨을 때 스승께서는 장좌불와를 하셨다. 나는 스승의 수발을 드는 시자이니 당연히 스승의 공부 뒷바라지에 힘쓸 수밖에 없었다. 새벽 2시면 방이 식는다. 나는 스승의 공부하는 방에 불을 지펴드렸다. 그때 스승께서 나에게 "만법귀일 일귀하처(萬法歸— —歸何處)"라는 화두(話頭)를 내렸다. 나는 그것을 이곳 토굴 수행에서 생각생각 끊임없이 그 화두를 들고 정진하였다.

그렇게 생과 사의 갈림길에서 오직 공부하다 죽겠다는 생각으로 공부를 한 것이 26년이 지난 지금 나의 수행에 엄청난 힘이 되고 있다는 것을 느낀다.

— 이 글은 2004년 2월 11일자 불교신문 「나의 공부 이야기」편에 실린 글이다.

3부
회상의 언덕

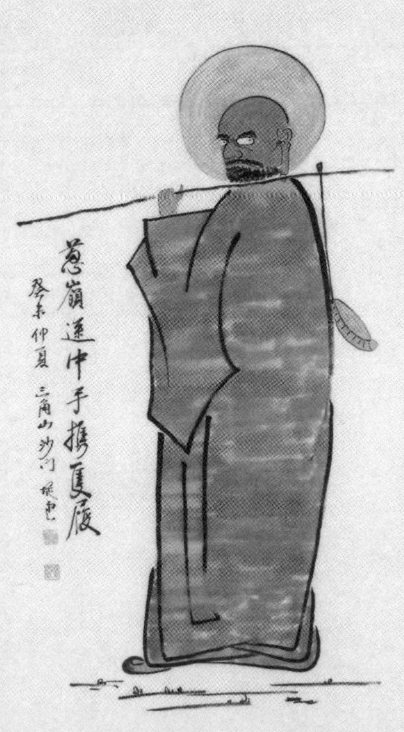
蔥嶺途中手攜隻履
癸未仲夏 三角山 沙門 眞一

강물을 바라보며

강물은 그냥 흐르는 것이 아니다. 물이 그냥 흘러가는 것 같아도 그 속에는 무수한 사연과 애환, 그리고 사랑, 증오가 함께한다.

나는 강가에 앉아 흐르는 강물을 바라보는 것을 좋아한다. 흐르는 강물은 늘 같으면서도 다른 모습이다. 평온한 그 몸짓이 사나운 표정을 짓는가 하면 멀리 떨어져 있는 내 어머니 모습으로 다가오기도 한다. 나의 유년 시절은 강물과 함께 하였는데 동네 친구들과 함께 빼곡히 들어선 강가 갈대 사이를 헤집고 다니는가 하면 "도리도리 암놈 왔다 수놈 왔다"를 불러대면서 잠자리를 유인하며 놀기도 하고 강변 둑에 소를 풀어놓고 또래들과 함께 이리저리 뛰놀면서 네잎클로버를 찾느라 고무신이 다 닳도록 풀밭을 헤매기도 하였다.

불가에서는 수행자들이 강물을 애욕(愛慾)에 비유하는데 강물은 끊임없이 늘 흐르기 때문이다. 그렇게 늘 흐르는 것이 인간의 욕정과도 같기 때문에 수행자는 이 욕정을 뛰어넘으려고 부단히 노력한다.

욕정이란 쉽게 만들고 끊고 버릴 수 있는 것이 아니다. 그것은 본능에서 왔기 때문이다. 본능이란 인간의 생명이요, 생명 다함도 본능인 것이다.

이처럼 강물은 살아 있는 것이요, 우리의 삶 그 자체이다. 수행자의 입장에서는 끊고 넘어야 할 대상이지만 우리의 삶이 어찌 애욕을 다 끊고 살 수 있다는 말인가? 만해는 '님의 침묵'에서 선사의 법문을 인용하여 "너는 사랑의 쇠사슬에 묶여서 고통을 받지 말고 사랑의 줄을 끊어라. 그러면 너의 마음이 즐거우리라."는 말에 어리석다고 반박하면서 말하기를 "사랑의 줄에 묶여 있는 것이 아프긴 하지만 그것을 끊으면 죽기보다 더 아픈 줄 모른다."라고 하였듯 세속에서는 애욕을 끊고 살 수 없다. 그것은 마치 강의 물줄기를 끊고서 강물이 흐를 수 없는 것과도 같은 것이다.

나는 강물을 사랑한다. 수행자의 분상에서는 강물은 꿈에서라도 넘어야 하고 다 말려 버려야 하는 것이지만 인간의 본연으로 보면 끊고 마르고 하는 것보다는 힘차게 늘 넘실되며 흘러야 하는 것이다. 나는 수행자의 분상에 있지만 그래도 강물은 늘 살아 있고 생동감이 넘치고 바라보고 있으면 그렇게 마음이 평온해질 수 없기에 강물을 사랑한다. 무엇이 그렇게 편함을 줄까 생각해 보면 그것은 인간 생명의 원천이라 할 수 있는 물이기에 가능한 것이다. 이것은 나만이 좋아하고 편한 것이 아니라 인간의 시작이 바로 강에서 시작하는 것을 봐도 알 수 있는 것이다.

인류 문화의 발상지 가운데 하나인 중국의 황하와 양자강이 그것이고 인도의 갠지스가 그렇고, 오리엔트 문화의 발상지이자 페르시아 문화를 꽃피운 티그리스와 유프라테스가 그렇다. 뿐만 아니라 우리나라에도 한강의 기적이니 수도 시민의 젖줄이니 하는 한강이 있는가 하면 이웃 나라 동경도 그렇고 유럽도 마찬가지이다. 영국의 템스 험버가 그렇고 파리의 세느도 그렇다. 또 내가 좋아하는 정열의 작곡가 비제도 그의 고향 남프랑스의 까마그라 강에서 꿈을 키우지 않았을까 하는 생각을 해본다.

이렇듯 강물은 인간 생활의 원천을 이뤄 삶의 문화를 꽃피운다. 그렇지만 나는 그렇게 거창한 강물을 말하고 싶지 않다. 잘 조율된 악기에서 울려 나오는 소리처럼 끊임없이 유유자적하게 어디로 흐를 줄도 모르고 그저 흐르는 강물의 모습이 나의 본래 면목 같기도 하고 내가 세상에 태어나기 전 나의 모습 같기도 하다. 강물은 내가 슬플 때 나와 함께 한없이 울어주는가 하면 기쁨에 젖어 나를 망각할 때면 나를 자조(自調)하게 함이 내가 늘 강물을 사랑할 수밖에 없는 이유이기도 하다.

스스로가 스스로를 고르게 할 수 있을 때 자유자재한 대자유인이 되는 것이지, 스스로를 조율하지 못하면 대자유인이 되지 못한다. 수행의 궁극 또한 이와 같아서 깨달았다 하면서 대자유인이 되지 못한다면 그것은 무엇을 깨달았는지 알 수 없는 것이다. 아마 태초에 인간이 완성되면서 모든 것을 완벽하게 해놓고도 숨구멍을 틔우지 못한 것쯤 되지 않을까 생각한다. 그러므로 나는 강물을 사랑한다. 사랑하기에 내가 있고 내가 있기에 영원함을 생각하고 영원함을 그리기에 잠시나마 행복을 느낀다.

마음, 저편

저녁 넘어 향기는
축구 열기 뜨거운 기운으로

피어오르는 산사, 굴뚝 연기처럼
열광으로 돌아 돌아서 지금
식어버린 열광의 초연함으로
자리를 잡아
이 글을 쓸 때면
나는
한없는 외로움은 아님이
분명한 것
그러나
이 글을 대할 사람에

구하지 못한 동의는

북편(北便)의 마음에 정함이고

축구 열기 속에 동화된

한잔의 와인

마치 흩어지는 저녁 안개인 것은

그래도 차마…

좋은 날

좋은 시

행복의 꿈이 현실 됨을

저 먼 언덕 반쯤 내미는

소 먹이는 아이였어라.

— 용문산방에서 7월 25일

천년의 향기 용문산, 그리고 용문사

우리나라에서는 용문산(龍門山)이라는 지명을 가진 곳이 더러 있다. 우선 꼽는다면 경상북도 예천에 있는 용문산과 양평의 용문산을 들 수 있는데, 현재 내가 머무는 곳이 양평 용문산이라, 이곳을 말하고 싶다.

수많은 산명 중에 용문은 그 글귀가 가지고 있는 특징이 공통되고 뚜렷하다. 용이라는 동물은 신성한 영물로서 고대에 실로 존재하였는지 확실하지는 않다. 다만 중국에서부터 우리나라에 이르기까지 전설로서, 또 영물(靈物)로서 신성시되는 상상의 동물이다.

그러하기에 나라에서는 임금을 상징하며, 불가에서는 수호신 및 지혜의 상징으로 여기며, 하늘을 제석천왕이 다스린다면 용은 그 밑에서 신통을 부리는 신장 역을 한다고 할 수 있다. 또한 하늘과 지혜를 상징하는데, 그에 반하는 지상에서 가장 큰 동물이 코끼리다. 이 코끼리를 행(行)의 상징으로 보현보살(普賢菩薩)을 등에 모시고 있는 것을

136

절에서 볼 수 있다.

　뿐만 아니라 용은 등용(登龍)이라 하여 어떤 관문을 들어서는 뜻으로도 많이 쓰이는데, 용문이라 하면 용이 드나드는 문을 뜻하기에 용문이라는 지명이나 사명(寺名)을 쓰는 데는 그곳이 무언가 이룰 수 있는 지형적 여건이 갖추어진 곳에 이름을 붙인다고 여길 수 있다. 그 한 예로 태조 왕건이 삼한 통합의 큰 뜻을 품고 남정을 하다 경상북도 예천의 두운선사를 방문하고자 동구에 들어서니 갑자기 바위 위에서 쌍용이 나타나 절로 인도하게 되었는데, 이때 왕건이 산 이름과 절 이름을 용문사라 부르게 하였다. 하니, 이는 그 산이 그만큼 수려하거나 영험이 있는 도량임을 짐작할 수 있을 뿐 아니라, 용은 임금을 상징하는데 그곳이 삼한을 다스리는 왕이 될 수 있도록 기도하는 마음을 이끌었을 수도 있겠고, 또는 그 산을 다녀오니 삼한 통일의 역사가 잘 이루어졌는지도 모른다.

　이곳 양평 용문사도 단순한 용문이 아니라 무엇인가 연결이 되어 용문이 되지 않았을까 생각하게 한다.

　원래 용문산의 본 지명은 미지산(彌智山)이다. 미지란, '지혜가 퍼져나간다.'는 뜻으로 지혜의 상징인 용을 의미하고 있다. 지형적으로는 경기도에서는 화악산 명지산에 이어 세번째 높은 산으로 기암괴석과 고산준령, 수려한 영계(靈溪)를 고루 갖추고 있으며 산의 정상에 올라 앞을 바라보면 서북쪽으로 북한강이 흐르는데, 태백산맥에서 발원하여 600리를 흘러 용문산 오른쪽 자락으로 흐르고 왼쪽, 동남 방향으로 보면 역시 태백산맥에서 발원하여 여주, 광주, 양평으로 돌아들어와서는 북한강과 합수를 이루는데 그곳이 양수리다. 그리하여 그

물이 한강(漢江)이 되어 서해 바다로 들어간다.

은행나무

용문산을 명산이요, 명당이라고 보는 데는 그것을 상징적으로 보여주는 것이 있으니 '은행나무'다. 은행나무가 1,100년을 살았다면 이것은 살아 있는 화석이다. 이 은행나무가 유정(有情)이든 무정(無情)이든 한 자리에서 천년 이상을 살았다는 것은 정말로 기이하고 신비할 뿐 무엇으로 평할 수 없다. 식물도 오래 살려면 몇 가지 조건을 갖추어야 하는데 첫째 좋은 토양이어야 하고, 둘째 기후가 좋아야 하며, 세 번째 변란변화(變亂變化)를 잘 이겨내야 한다.

이러한 세 가지가 절묘하게 조화를 이루어져야 하는데 바로 이 점 때문에 나는 명당 중에 명당이 바로 용문산 은행나무가 있는 그곳이라고 하는 것이다. 이 은행나무 바로 위가 용문사 대웅전이고 양 옆에 전각(殿閣)과 요사(寮舍)가 들어서 있는데, 천년의 향기가 묻어 나오는 노량이라 여긴다. 은행나무는 나무 높이가 무려 40m고 둘레가 14m다. 설에 의하면 신라가 국운이 기울 때 마의(麻衣)태자가 슬픔을 안고 금강산을 가는 길에 들러 심었다는 것과, 신라의 고승 의상(義湘)이 지팡이를 꽂아 둔 것이라는 두 가지 설이 내려온다.

앞서 말한 세번째에 해당하는 변란이 있었는데, 전쟁이 일어나 사찰이 불타고, 산이 다 불타도 이 은행나무는 화마를 면했는데 특히 은행나무 옆에 사천왕전(四天王殿)이 불에 타고부터 사천왕전을 대신해 은행나무를 '천왕목(天王木)'이라 부른다. 또 조선시대 세종대왕이 정삼품보다 높은 당상직첩(堂上職牒)을 하사하기도 했던 명목이다. 현재는 매년 음력 3월 3일이면 '은행나무 대제'를 지내고 있으

138

며, 나라에 큰 일이 있으려면 은행나무가 소리를 내어 변고를 알린다
고 한다.

용문사

이러한 명목이 있는 도량을 거쳐 간 고승도 수없이 많은데 이 절의
최초 창건자가 신라 선덕왕 2년(913) 대경대사요, 고려 우왕 4년
(1378) 지천대사가 개풍 경천사의 대장경(大藏經)을 옮겨 봉안하였고,
조선 태조 4년(1395) 조안화상이 중창하였으며, 수양대군이 모후 소
헌왕후 심씨를 위하여 보전을 다시 지었고, 세조 3년(1457) 왕명으로
중수하였다. 성종 11년(1480) 처안스님이 중수하고 고종 30년(1893)
봉성대사가 중창하였으나 순종 원년(1907) 의병의 근거지로 사용되자
일본군이 불태웠다.

1909년 취운스님이 큰방을 중건, 1938년 태욱스님이 대웅전, 어실
각, 관음전, 요사, 일주문, 다원 등을 새로 중건하였는데, 6·25전쟁
으로 관음전을 제외한 모든 전각이 소실되었다. 그 후 선걸 화상이
1982년부터 1994년까지 대웅전, 범종각, 지장전, 요사, 일주문 등을
새로 중건하고 불사리탑, 미륵불을 조성하였다. 2005년 월암화상이
심검당(尋劍堂)과 후원을 시축하였으며, 현 주지 의정 대화상이 설선
당(說禪堂)을 신축하여 템플 스테이(Temple Stay)로 활용하면서 금동관
음보살좌상(경기도 유형문화재 172호)을 모시기 위해 팔각 목조 관음전
을 신축중이다.

현재와 같이 도량과 전각이 일신(日新)되기까지는 주지스님을 비롯
하여 부주지 보인스님의 원력이 크다 하지 않을 수 없다.

정지국사

　용문산 용문사에는 앞서 창건, 중창, 중수자 외에도 많은 고승이 거쳐 갔는데 몇 분의 고승을 소개하자면, 태조 4년(1395) 천마산 적멸암에서 입적한 정지국사(추존)께서는 대장전(大藏殿) 대장경을 봉안하고 당시 절의 사세를 크게 확장시켰고, 대장전 봉안에 힘쓰시다 입적한 후 사리가 많이 나오자 태조가 이를 듣고, 정지국사라는 호를 내리게 되었는데, 지금 그 부도가 보물 제531호로 지정되어 용문사 경내에 모셔져 있다.

　국사께서 비록 이곳에서 입적은 하지 않았다 하여도 용문사에 부도탑을 세운 것을 보면 이곳 용문사에 많이 머물렀으며, 가람 수호와 수행을 함께 하신 것 같다.

나옹왕사

　보통 큰 절에 가면 삼성각(三聖閣)이 있는데, 지공(指空), 나옹(懶翁) 무학(無學) 세 분의 영정이 모셔져 있는 것을 볼 수 있다. 그 중에 한 분인 나옹스님은 고려시대를 대표한 고승 중의 한 분이시다. 그가 법을 받은 스승은 인도국의 스님으로 원나라와 우리의 고려국을 넘나들었던 당대 최고의 고승 가운데 한 분이시다. 그의 행장에 보면 용문산과 회암사(檜巖寺, 경기도 양주)를 오간 기록이 자주 나온다.

　그는 고려 말엽(1320~1376) 친구의 죽음을 보고 무상을 느껴 공덕산 묘적암 요연선사(了然禪師)를 찾아 출가했으며, 그때가 그의 나이 21세가 되던 해이다. 그는 양주 회암사서 오래 머물렀으며, 그곳에서 대오(大悟)했고, 일본 승려 석옹(石翁)에게 인가를 받았다. 그는 곧 원나라 법원사에서 지공(指空)의 지도를 받아 4년을 머물다 귀국하게 된다. 뒤에 그는 지공의 법을 받아 지공의 뒤를 잇게 되고, 공민왕 때에 왕사(王師)가 되었다.

남긴 유품 중에는 '나옹록'이 전해져 내려오는데 여기, 그의 스승 지공과의 문답을 싣고자 한다.

하루는 스승 지공이 법을 내렸다.

선은 집 안이 없고, 법은 밖이 없나니
뜰 앞의 잣나무, 아는 사람을 사랑한다.
시원한 집 위의 시원한 날에
동자가 세는 모래를 동자가 안다.

禪無堂內法無外 선무당내법무외
庭前栢樹認人愛 정전백수인인애
淸凉臺上淸凉日 청량대상청량일
童子數沙童子知 동자수사동자지

들어가는 것도 집 안이 없고 나와 보니 밖도 없구나.
세계마다 티끌마다 선불장인데
뜰 앞 잣나무 다시 분명하니
오늘이 초여름 4월 초닷새인걸요.

入無堂內出無外 입무당내출무외
刹刹塵塵選佛場 찰찰진진선불장

庭前栢樹更分明　정전백수갱분명
今日初夏四月五　금일초하사월오

나는 이 구절이 가히 스승이요, 제자구나 하는 생각을 한다. 내가 감히 이렇게 법력이 높으신 어른을 평하려 드는 것이 아니다. 그저 와 닿는 느낌 그대로를 표하는 것뿐이다.

스승이 먼저 말하길, 선에 있어 안이 없다면, 법은 밖이 없다고 하니 제자인 나옹스님이 한 걸음 더 나아가, 들어가 봐도 안이 없고, 나와도 밖이 없다(법은 밖이 없다)는 말로 두 글귀를 받아 친다.

또 뜰 앞에 잣나무를 아는 이는 사랑한다고 하니, 어떤 스님이 "조사(달마)가 서쪽에서 온 뜻이 무엇이냐?" 하니 조주스님이 '뜰 앞에 잣나무니라.' 한 이 대목에서 그것을 안다면, 그것은 곧 깨달음이다. 지공이 그의 제자 나옹과 법 거래를 하는데, 네가 바로 안다년, 즉 깨달았다면, 그 이상 더 바랄 것이 없다는 뜻이 내포되어 있다.

또 시원한 집 자체만 해도 시원한데 시원한 집 위 날씨마저 시원하다 하면서 동자가 모래를 세는데, 또 다른 동자가 모래를 세는 뜻을 안다고 하였으니, 이것은 스승이 한 경지를 뛰어넘어 무구(無垢)와 천진(天眞)의 경지에서 한 동자는 자신이요, 한 동자는 제자 나옹을 염두에 둔 것이니, 이미 인가를 한다는 뜻을 보여준 글이라 여겨진다.

앞서 '뜰 앞 잣나무 아는 이를 사랑한다.' 는 말에 '찰찰진진선불장' 이라는 말로 대구를 했는데 찰찰은 절, 세계, 진진은 티끌을 뜻하지만 티끌 세상을 말하는 것으로서 지공화상이 벌써 조주스님이 말하는 '정전백수자' 의 뜻을 다 알고 "이미 그런 경계를 뛰어넘었습니다. 그러니 새삼 이렇고 저렇고 하십니까?" 하고 오히려 반문을 하고 있다. 그러기 때문에 정전백수자가 분명하다는 말씀을 드리고, 오늘 초여름 4월 초닷새 운운하는 것은 이미 경계를 다 넘었고 공부도 다 지어 마쳤다는 말을 한 것이다.

그 뒤 어느 날 스님은 게송을 지어 지공스님에게 올렸는데,

미(迷)하면 산과 강이 모두 경계요.
깨닫게 되면 티끌마다 그대로 이 몸일세.
미와 오를 다 뛰어넘으니
아침마다 닭이 오경에 홰를 치더라.

迷則山河爲所境　미즉산하위소경
悟來塵塵是全身　오래진진시전신
迷悟兩頭俱打了　미오양두구타요
朝朝鷄向五更啼　조조계향오갱제

'미' 하다는 것은 깨닫지 못한 상태, 마치 눈이 어두운 사람이 모든 경계에 걸리고 분별하는 것과 같은 것이다.

그런데 깨닫게 되니, 경계가 내가 둘이 아니라는 말을 하고 있는데, 이는 눈이 어두울 때 현상에 걸릴 뿐 아니라, 그것을 만져도 바로 인

식을 하지 못함이 장님이 코끼리를 만지며 이렇다 저렇다 구분해서 분별을 했다면, 광명을 얻었을 때 현상과 내가 구분되지 않았다. 그러하기에 그대로 한 몸이 되었다고 표현하셨고, '미와 오'라는 양 극단의 경계를 넘고 보니 마치 안개 걷힌 뒤 그 모습 그대로 드러나는 것처럼 닭이 언제나 그 시간이 되면 홰를 친다는 것으로, 아무 의심이 없어졌다. 그 동안 눈병이 나서 제대로 보지 못하다가 눈병을 치료하고 나니 사물의 본 모습을 바로 볼 수 있음을 스승에게 말한다. 이것은 깨달음을 의미한다.

태고 보우국사

국사께서는 고려 말엽의 스님으로 조계종의 중흥조가 된다. 석옥청공(石屋淸珙, 1272~1352)스님의 법제자로 임제(臨濟)의 18대손이 된다.

그는 홍주 양근군(지금의 남양주)에서 1301년에 태어나 회암사(檜巖寺)로 출가하여 25세에 승과(僧科)에 합격하였다. 그 후 10여 년 수행 끝에 활연히 깨치고 그 경지를 게송으로 표하였다. 그 후 소요산 백운암과 삼각산 중흥사, 용문산 상원암 등지에서 머물다 46세 되던 해에 연경(燕京)으로 가서 대관사(大觀寺)에 머물고 하무산 천호암에서 석옥화상을 친견하여 인가를 받았다. 48세에 귀국하여 용문산 미원장(迷源莊) 소설암(小雪庵)에서 지내다가 56세에 봉은선사(奉恩禪寺)에 개당설법을 하고 그해(1356) 왕사(王師)로 추대되었다. 신돈이 죽음을 당하고 69세에 다시 용문산의 뒤편 소설암으로 돌아와 국사가 되고 82세의 나이에 입적을 하였다.

여기 그의 어록 중에 참선명(參禪名)이 있어 소개하고자 한다.

세월은 마치 번갯불 같거니
시간은 진실로 아껴야 하리
살고 죽음이 호흡 사이에 있어
아침저녁을 보장하기가 어려우니
다니거나 섰거나 앉았거나 누웠거나
한치의 틈도 헛되이 버리지 말고
용맹이 용맹을 더하되
우리 스승 석가처럼 하여라.

정진하고 또 정진하되
마음자리 또렷함과 고요함을 고르게 하고
불조의 뜻을 깊이 믿어
반드시 분명한 그것을 성취해야 하리라.
마음이 곧 천진 부처이니
왜 수고로이 밖을 향해 찾는가?
만사를 다 놓아버리면
깊이 막다른 철벽 같으리.
망념이 다 없어지고
없어진 그곳마저 지워버리면
몸과 마음을 허공에 기댄 듯
고요한 광명이 사무쳐 빛나리니
본래 면목 그 무엇인가
화살이 모두 돌 속에 들 듯
의심덩어리 산산이 부숴버리면

한 물건이 푸른 하늘을 덮으리라.

지혜 있는 사람에게 말하지 말고
기쁘다는 생각도 내지 말며
반드시 종사를 찾아뵙고는
기봉을 드러내 보이고 다시 법문을 청하라.
그래야 조사의 법을 이어
가풍이 편벽되지 않다 하리라.
피곤하거든 발 뻗고 자고, 배고프거든 당기는 대로 먹어라.
무슨 종파냐 묻거든 비가 쏟아지듯 방과 할을 퍼부어라.

스님께서 1330년 용문산 상원암(上院庵)에 들어가 관음보살 앞에서 12가지 서원을 세웠는데, 지극한 정성은 허파를 걸러 나왔고, 눈물이 줄줄 흘렀다. 그 일이 있은 후 칼 같은 지혜가 나오니 원통 계유년 1333년 가을, 성서의 감로사 승딩에 계시면서 분심을 내니 한탄하되, "성질이 나약하고 게을러 불법 대사를 성취하지 못할 바에는 차라리 고행하다 죽느니 못하다" 하시고 단정히 앉아 이레가 되는 날 저녁, 어렴풋한 잠속에서 푸른 옷을 입은 두 아이가 나타나 하나는 병을 들고, 하나는 잔을 받들어 더운 물을 조금 따라 권하기에 받아 마셨는데, 감로 맛을 느낀 듯 순간 활연히 깨달았다.

하나도 얻을 것이 없는 곳에서
집 안의 돌을 모두 밟았네.
돌아보면 밟은 자취도 없고

보는 자 이미 고요하여라.

一亦不得處 일역부득처
踏破家中石 답파가중석
回看沒破跡 회간몰파적
看者亦已寂 간자역이적

분명하고 둥글둥글해서
그윽한 빛 찬란한데
부처와 조사, 산하까지
입 없이 모두 삼켜버렸네.

了了圓陀陀 요요원타타
玄玄光爍爍 현현광삭삭
佛祖如山河 불조여산하
無口悉呑郤 무구실탄극

하나도 얻을 것이 없다는 말은 텅 비었다는 말로 마음이 고요하다, 분별하는 경계가 끊어졌다는 말이다. 또 집 안의 모든 돌을 밟았다 했는데, 집 안의 돌이란 우리 불가 즉, 선지식을 다 찾아뵈었다는 뜻으로, '회간몰파적'이란, 이쯤 되니 아무런 의심이 없다, 한 경지를 얻었다(깨달았다는 뜻)의 의미.

간자(看者) 운운하는 것은 또 다른 경계인데, 그 이전에 다해 마쳤다는 뜻으로 이해하면 될 것이다.

분명하고 둥글… 모든 것이 분명하고, 진실되며, 원만하다. 그러니 (현현…) 그 빛이 말로 표현할 수도 없을 정도…(불조…) 이 분상에서 부처다 조사다 하는 것, 모두를 (무구…) 단박에 뛰어넘었다는 말로서, 우리가 그 무엇을 파악했을 경우 눈 감고 다 할 수 있는 그런 뜻으로 입 닫고, 먹을 수 있다. 나는 깨달았으며, 너무도 기쁘다, 밥 먹지 않아도 배부르다고 외치는 것 같은 것들이 연상된다.

또 불각사 독방에서 원각경을 읽다 "모두가 다 사라지면 그것을 부동(不動)이라 한다."는 데서 일체의 알음알이가 떨어져 게송을 지으셨다.

고요해도 천 가지로 나타나고
움직여도 한 물건 없네.
없다 없다 하는 이것이 무엇인가
서리 온 뒤 국화가 무성하다.

靜也千般現 정야천반현
動也一物無 동야일물무
無無是甚麼 무무시심마
霜後菊花稠 상후국화조

貧道 堤雲 添 一句 빈도 제운 첨 일구

한 경계 놓으니 만상이 고요해

148

동(動)과 물(物)이 다 마치 물거품 같아
'무' 라 들이대도 삼십 객이요
서리 앞서 이미 기러기 구천으로 날았어라.

放一境靜像 방일경정상
動物如波水 동물여파수
入無三十客 입무삼십객
霜前已鴻九 상전이홍구

龍門吟(용문음)

용문에 산 빛을 좇아 문득 와보니
새소리 바람소리 물소리가 좋아라.
천년의 은행나무는 말없는 말을 하고
전각의 풍경소리 나그네 신음을 덜어 주네.

龍門從色得便來 용문종색득편래
好好聲聲鳥風水 호호성성조풍수
千年杏木無言說 천년행목무언설
殿閣風鏡損吟客 전각풍경손음객

— 정해년 6월 21일 용문산방에서

회상의 그곳, 자장암

'우당탕탕' 무엇인가 때려 부수는 듯한 소리에 깜짝 놀라 잠에서 깨었다. 눈을 뜨고 보니 탁상시계가 밤 11시를 가리키고 있었다. 도대체 무슨 일인가 하는 생각이 이 산의 주인인 나를 실험하는 건가 하는 생각으로 뒤척이다 작은 봉창을 통해 내다봤지만 칠흑의 어둠뿐 아무것도 보이지 않았다. 나는 무서웠다. 그래서 얼른 방문을 열어보지도 못하고 작은 봉창으로만 밖을 내다본 것이다. 한번 깬 잠은 쉽게 오질 않는다. 잠시 뒤척이니 조금 안정이 되었다. 문을 열어야 했지만 문이라 해야 누렇게 탈색되고 찢겨진 창살 외짝 문이다. 용기를 내어 문을 열어 보았다. 밖은 캄캄할 뿐 그 무엇도 보이지 않았다. 4월의 봄바람은 아직도 싸늘했다. 더욱이 산봉우리를 찾아드는 바람은 더욱 그랬다.

먼 여행을 한 끝이라 몸이 곤했고 곧 다시 잠이 들었다. 그러나 잠은 오래가지 못하고 다시 눈을 떴다. 시계를 보니 새벽 2시가 좀 못되었다. 내가 잠자는 방문 앞에서 아기의 울음소리가 들렸다. 깜짝 놀랐다. 다시 온몸에 소름이 돋는 듯 했고 무섭고 두려웠다. 그 순간 나의 머릿속에 전설로 내려오던 무시무시한 귀신이야기가 이곳에선 현실이 되어 나타났다는 생각을 하니 가슴은 더욱 뛰었다. 두렵고 무서운 마음에 숨을 죽인 채 엎드렸는데 시간이 좀 지나니 안정이 되었다. 문을 열어 한 번 확인해 보고 싶은 마음에 빗장을 풀어 확 열어젖히니, 순간 시커먼 물체가 앞에서 튕겨 나가듯 저 앞을 가는 것이 아닌가, 나는 그 물체로부터 눈을 떼지 않았다. 그 순간 저만치서 잠시 멈칫하더니 획 되돌아보는 것이 고양이가 아닌가. 나는 그제야 마음을 놓을 수 있었다. 고양이가 아기 울음을 낸다는 사실을 알지 못했던 것이다. 앞서 우당탕탕 내던 소리도 고양이가 먹을 것을 찾다 일어난 것이라는 것을 짐작할 수 있었다.

자장암에서 이렇게 하룻밤을 보내게 되었는데 뒤에 알게 된 사실이지만 산봉우리에 걸터앉듯 자리한 자장암은 앞서 살던 스님이 떠나고 한동안 빈 암자였던 것이다. 그러니 쥐나 고양이, 산짐승, 들짐승이 먹이를 찾아들 수 있는 도량이 돼버린 것이다. 자장암은 삼면이 절벽이라 우쪽 절벽 아래로는 수려한 운제산 계곡이고, 코앞 바로 밑에는 오어사라는 유서 깊은 신라시대에 창건된 고찰이 있다. 당시 오어사든 자장암이든 그곳에는 전기가 들어오지 않음은 물론이고 전화도 되지 않았다. 산이라 해마저 일찍 진다. 그럴 쯤 다가오는 것은 침묵과 어둠 뿐 아무것도 찾거나 구할 것이 없다. 오직 적막한 고요, 간간히 불어오는 찬 밤바람은 고독한 산사람 수행자에겐 바늘로 가슴을 찌르는 듯한 아픔으로 다가오기도 한다.

내가 이곳에 오게 된 까닭이라면 입산을 하고 수행의 문에 들어선 지 4년째 되던 해에 황달병에 걸려 강원도 정선 그림바위 골짜기에서 1년을 요양을 하게 되었는데 그때 불가에서 내세우는 '원력'이라는 것을 세웠다. "내가 만약 이곳에서 병을 치료하지 못하면 차라리 토굴에서 그대로 죽게 하고, 다행히 완치가 되면 산 높고 수려한 곳에 생활 걱정은 하지 않아도 되는 그런 도량에서 살게 하여 주십시오." 이러한 원력을 가지고 생활하다가 건강이 회복되면서 밀양 영남루 옆에 무봉암(舞鳳庵)이라는 전경이 아주 좋은 암자가 있어 그곳에서 잠시 머물게 되었는데, 하루는 어떤 객승이 와서 이런저런 이야기를 하다, 현재의 내 심정을 이야기하면서 마땅한 처소를 구한다는 등의 말을 건네던 중 마침 지낼 만한 곳이 포항에서 얼마간 떨어진 곳이고, 그곳은 삼국유사에 나오는 오어사의 산내 암자인 자장암인데 지금 비어 있다는 말을 듣게 된 것이다.

아침이 밝아왔다. 법당에서 바라보는 향이 동남간이었다. 앞은 시야가 확 트여 멀리 아득하게나마 동해 물결을 볼 수 있고 특히나 차오르는 태양의 빛은 편안함과 행복, 그리고 희망까지 안겨주는 것만 같아 기분이 좋았다. 간밤에 일어난 일들을 생각하면 섬뜩해서 몸이 움츠려들기도 하지만 이제 이곳에서 살아야 한다는 생각을 하면서 부처님께 때늦은 아침 예불을 했다. 법당은 아주 작았다. 그것도 정상적인 법당이 아니라 사람이 거처를 하면서 필요에 따라 법당으로 쓰는 임시 법당인 데다 산정에 지어져 바람을 이겨내야 하니 천장이 낮을 수

밖에 없었다. 천장은 낮고 공간도 좁아 겨우 7~8명 정도면 꽉 찰 정도다. 문을 열어 마루까지 활용을 한다면 20여 명, 연결되는 도량까지 쓴다면 50명 정도 수용할 수는 있다. 뿐만 아니라 불상까지 작았다. 높이 1자 반, 폭 1자 정도 되는 불상을 유리로 된 함에 모셨다.

자장암 하면 떠오르는 인물이 신라시대 대국통(大國統) 자장율사(慈藏律師)이시다. 신라가 삼국을 통일할 때 김유신 등을 도와 통일신라에 공헌한 바가 있다. 그런 저런 인연으로 나라의 스승인 대국통의 지위를 갖게 된 분이다.

선덕여왕이 왕 바로 아랫자리를 드렸지만 그는 사양했다. 그는 "계를 가지고 하루를 살지언정 계를 파하고 백년 살기를 원치 않는다(寧爲持戒一日生 不爲破戒百年生)."라는 말을 남기기도 하였다.

자장암은 신라시대 창건된 고찰이다. 그렇지만 지형이 산봉우리고 워낙 도량이 협소해서 제대로 전각이 갖추어 있지 못하다. 따라서 옛 흔적이라 이렇다 할 만한 것은 없다. 다만 서릿발 같은 대율사 스님의 영정이 모셔져 있을 뿐이다.

내가 이곳에서 5년이라는 적지 않은 세월을 보내게 되었는데 지금 회고해 보면 그때 그 시절이 왜 그리 그리워지는지 그리움은 그리움을 낳고 또 낳아서 아련한 하나의 봉우리가 되어 영영 잊히지 않는 추억으로 내 가슴 한편에 자리한다.

그간 절집에서 산 지 30여 년의 세월이 흘렀는데 그 세월 따라 이산 저산 이절 저절 많이 가봤지만 자장암만한 도량도 찾지 못했다. 자장암은 그리 높지는 않지만 산봉우리에 자리를 잡았는데 그와 같이 산

봉우리 사찰 하면 우선 떠오르는 것이 설악산 봉정암, 오대산 상원사 적멸보궁, 지리산 법계사, 치악산 상원사, 남해 보리암, 청도 도솔암 등이 있지만 모두 높이 있긴 한데 산봉우리는 아니다. 자장암 법당 뒤편에 오랜 소나무가 한 그루 있는데, 그 소나무 맨 위 끝자락과 법당 지붕 용마루가 수평을 이룬 듯하니 자장암은 참 묘한 위치에 자리 잡고 있는 절이 아닐 수 없다.

뿐만 아니라 자장암은 참 양명하다. 법당 앞에서면 동남간이라 왼쪽으로는 동해 바다가 눈에 들어오는데 우리나라 지도에서 토끼 꼬리라 부르는 그곳이 눈에 들어온다. 그리고 정면 밑으로 보면 천길 절벽이고 절벽 아래로는 푸르고 거대한 호수가 눈에 들어온다. 그렇다 보니 여행가이면서 '산', '바다'의 발행인인 김인걸 옹이 그가 쓴 '산'이라는 잡지에 게재하기를 "자장암은 금강산의 일부분과도 같고, 동양화 산수화의 그림 중에서도 상급에 이른다."고 표현했을 정도로 아름다운 암자다.

그리고 수많은 전설을 간직하기도 하였으며 신도들의 발길이 끊이지 않는 기도처다. 산 이름이 운제산(雲梯山)인데 풀이하면 '구름사다리'다 신라시대 네 분의 걸승이 이 산에 살게 되었는데 자장암 아래 오어사는 대안대사(惠宿)가 거했고 자장암 건너편 봉우리 아래에는 원효와 의상이 거했는데, 하루는 원효대사가 구름사다리를 타고 자장암 도량에 들어섰다. 워낙 도력이 높은 분이라 화엄신장(華嚴神將)이 쑥대밭처럼 도량에 깔리게 되었다. 마침 그때가 자장대율사께서 공양을 해야 할 시간인데 율사께서는 하늘에서 내려오는 천공을 드시는 분이라 하늘에서 천공이 도착해야할 시간이 되어도 공양이 내려오지 않았다. 뒤에 천동자(天童子)에게 꾸지람을 하니 천동자가 하는 말이

"도량에 화엄신장이 쑥대밭처럼 꽉 들어차 있어 감히 들어올 수 없었습니다."라는 설이 있을 정도로 많은 설화가 내려오는 곳이 자장암이다. 그런가 하면 자장암 뒤편으로 능선을 따라 쭉 오르면 운제산 정상이 나오는데 정상에는 대왕의 손자국이 선명히 찍힌 거대한 바위, 대왕암이 있다. 그 바위를 사람들은 대왕암이라 부르며, 성모단이라 부르기도 하는데 나라에 어려운 일이 생길 때면 재를 올리고 가뭄이 들면 기우제를 지내기도 하는 곳이다. 이는 신라 제2대 남해대왕(차차웅)이 원을 세우기를 "내가 죽어서 동해 바다의 용이 되어 이 나라를 지키겠다."라는 원을 세움으로 해서 이곳에 제단이 만들어지게 된 것이다. 그러므로 후세 사람들이 그곳을 성지라 부른다.

하얀 밤

고요한 산사

떨어지는 물소리

쉼 없이 들려오는 이 밤

외로움 전쟁은

시작도 끝도 없어라

멀리 가까이 들려오는

생명들의 소리

잠시 지난날을 잊어본다

말없는 밤

하염없이 타오르는 촛불을 맴돌아

자욱 없는 눈물을 지우고

그래도 이 밤
지나기가 아쉬워서
옷깃 여미기를
거문고 가락 뜯는 만큼이나

길고 긴 여운으로
오늘은 보내고
내일은 기약하면서

하얀 이 밤을…

— 용문산방에서

상원사 가는 길

용문산 산자락에 하얀 편운(片雲)이 깃발이 나부끼듯 일렁인다. 영마루 한 층 위에서 흘러내리는 물줄기는 너무도 청아해 그 소리마저 영혼을 노래하는 교향곡 같다. 비탈진 산길은 자유를 부르짖던 한 시대의 젊은 기상처럼 꿈틀꿈틀 평탄하지 않다.

저 멀리서는 산까치, 산까마귀 소리가 들려오는데 눈앞에 반가운 손님, 다람쥐가 팔짝 뛰어 나타났다.

"안녕하세요?" 하고 인사를 하니, 나도 인사를 했다.

"안녕 그동안 뭘 하고 지냈어?" 그러자 내가 스님인 줄 아는지 두 손을 비비며 고개를 끄떡인다. '이놈들 참 신기하기도 하지. 지난해 그렇게 추웠던 용문산에서 용하게 잘 견뎌냈구나.' 하는 생각을 일으킬 쯤 또 한 놈이 나타났다. 이번엔 청설모다. 이놈은 스님을 보아도 인사도 하지 않네, "에이 고얀 놈!" 어느새 사라져 버렸다.

한동안 산과 동떨어져 살다보니 내가 산을 잊은 것인지, 산이 나를 잊은 것인지 나도 산을 찾지 않고, 산도 나를 부르지 않았다.

어느새 용문사를 출발한 지 20여 분 지난 것 같은데, 상원사(上院寺)가는 길에 첫 번째 큰 등성이를 눈앞에 두고 오른다. 내 나이 50을 넘어 50 중반, 머지않아 나도 60이라는 등성을 올라야 하는데, 그 등성은 사실 가고 싶지 않지만, 이것이 어디 가고 싶다고 가고, 가고 싶지 않다고 안 갈 수 있는 것이겠는가? 그래서 나는 어쩔 수 없이 60이라는 그 고개에 올라서기 위해 지금 길 고르기를 하고 계단을 놓는 중이다. 다시 생각을 해도 이런 계단은 놓고 싶지 않지만 어쩔 수 없이 스스로 계단을 놓고 있으니, 아직 내 인생의 정점은 아닌데 세월이 야속하고 무상할 뿐이다.

드디어 상원사 이정표가 있는 산등성이에 올랐다. 조금 전 본 놈 같은데. "힘드시죠?"

"그래, 아까 본 놈 맞아?"

"절 알아봐 주셔서 고맙습니다."

"너 맞긴 맞구나. 너야말로 이런 곳에서는 나보다 낫다. 그래 사는 게 재미있나?"

참 천진난만도 하지. 내가 묻는 말에 대답은 않고 장난만 치고 있구나.

"야, 이놈들 한마디 물어보자. 요사이 먹을 것은 많으냐?"

"말 마세요, 이 장마통에 뭐가 있겠어요? 안 그래도 요즘 먹을 것도 많지 않고 해서 내 친구 몇 명은 마을로 내려갔어요."

"이곳보다 마을이 더 좋으니?"

"아니, 그냥 마을에 가면 별미가 많답니다."

"어 별미라, 그게 뭔데?"

"있잖아요, 사람들이 먹다 버리고 하는 거요. 그런데요, 마을에 내려가면 좀 불안해요?"

"뭐가 불안해?"

"고양이 있잖아요. 요 며칠 전에도 제 친구 하나가 고양이한테 잡아먹혔지 뭐예요?"

"아! 안 됐구나….."

발길은 산등성이에서 다시 하산길로 접어들었다. 하산이 아니라 상원사 가는 길이 오르막 내리막이니, 지금은 내리막에 접어들은 것이다. 길이 좀 험하다 보니 직선은 거의 없고 꼬불꼬불한 것이 마치 뱀꼬리 요동치는 듯한 길 모양이다. '당단풍나무'가 꼬리표를 붙이고 길옆에 서 있다. '흥, 단풍나무면 단풍나무지 당단풍나무야!' 그러고 보니 내가 아는 나무들이 많이 보였다. 물푸레나무, 떡갈나무, 산벚나무, 오갈피, 그리고 이 산에는 다른 산에서 보이지 않는 산뽕(오디)나무가 간간이 보인다.

그럭저럭 산 향기 맡으며 바람소리, 물소리 들으며 걷다 보니 상원사가 코앞에 다가서는 것만 같다. 상원사는 청정한 도량이요, 눈 푸른 납자들이 이곳 도량에서 한철 공부하겠다고 2년, 3년을 예비 입방으로 기다린다 하니 이곳이 얼마나 좋은 도량인가 하는 것은 가히 짐작할 수 있으리라.

그뿐이랴, 고려시대 삼대 화상인 지공(指空), 나옹(懶翁), 무학(無學) 3화상이 용문산과 이곳 도량에 인연을 맺었는가 하면, 조선시대 효령대군이 머물며 궁궐 회랑 형태의 집 구조로 잘 조화된 도량으로 일신하여 왕실의 사람들이 요양을 하며 거처하던 곳이다. 하루는 세조가 이곳을 참배하러 왔다가 법당 상공에서 백의 관음이 나타났는데 그 빛이 하도 찬란하여 당시에 스님들뿐 아니라 30리 밖 마을 사람도 이 광경을 목격했다고 기록에 전해져 내려온다. 그런 모습에 세조는 물론 효령대군까지 놀라워했는데, 그때가 세조 7년 서기 1462년 10월이다. 뒤에 화공을 불러 그 모습을 그리게 하였으니, 그곳이야말로 관음 현신 도량이 아니고 무엇이랴.

그 그림이 오늘날 내려오는데 내가 그 그림을 보는 순간 너무도 감격스러웠다. 특히 공민왕의 왕사였고, 뒤에 국사가 되신 태고스님의 어록에 의하면 그는 상원사에서 관음보살을 보고 12가지 서원을 세웠는데, "지극한 정성은 허파를 걸러 나왔고, 눈물이 줄줄 흘러나왔다."라는 이 기록으로 보아 당시(고려, 공민왕)를 회상하게 한다. 스님께서 관음보살의 현신을 보았거나, 관음보살의 수기를 받았거나, 관음보살의 가피력을 입었던지 그런 큰 계기가 있었을 것이라는 생각을 해본다.

그때가 그의 나이 서른 살(1330)이요, 그런 일이 있은 후 칼 같은 지혜가 나오니 원통 계유(1333)년 가을 성서의 감로사 승당에서 분심을 내어, 한탄하되 "성질이 나약하고 게을러 불법 대사를 성취하지 못할 바에야 차라리 고행하다 죽느니 못하다." 하시고 단정히 앉아 이레가 되는 날 저녁, 어렴풋한 잠 속에서 푸른 옷을 입은 두 아이가 나타나 하나는 병을 들고, 하나는 잔을 받들어 더운 물을 조금 따라 권하기에 받아 마셨는데, 감로 맛을 느끼는 순간 활연히 깨달았다. 이런가 하면 상원사 뒤, 정상 아래 중간쯤 되는 곳에 '윤필암'이 있었는데 설에 의하면 조선 개국에 크게 이바지했던 무학 왕사 혹, 나옹 왕사께서 그곳에서 수행을 했다 한다.

용이 무엇인가? 용은 임금을 뜻하지 않던가? 그러니 세조대왕은 물론이요 나옹·무학이 누군가, 모두 왕사가 아닌가? 가히 용이 출입하는 용문산이요, 상원사다, 하는 생각을 해본다.

드디어 상원사 도량에 들어섰다. 도량 입구에는 목수가 나무를 다듬고 있다. 법당 자리에는 아직 완성되지 않은 목조 건물이 세워지고 있었다. 법당 뒤편에는 삼성각이 있고, 그 옆에 임시 법당을 만들어 놓았다. 나는 그곳에서 삼배를 올렸다. 그리고 내려와서 방선(放禪, 선원에서 정해 놓은 공부 시간이 끝남을 이름)을 기다리고 있다가, 잠시 살펴보니 상원사 연혁이 눈에 들어온다.

서기 913년 통일신라 선덕왕 때 창건
서기 1393년 충숙왕 17년 원증국사 보우스님(1301~1382) 이곳에서 정진
서기 1398년 태조 7년 조안화상이 중창, 무학대사(1327~1403)가 왕사를 사양하고 내려와 수도함
서기 1455년 효령대군이 이곳을 원찰(願刹)로 삼아 수도 생활을 함
서기 1462년 세조 7년 10월, 세조가 이곳을 참배하러 왔다가 담화전(법당) 상공운상에 서기가 치솟더니 백의 관음이 나타났으며 그 빛이 하도 찬란하여 당시 수도하는 스님은 물론, 30리 밖 고을 사람들도 보았다고 함.
서기 1907년 융희 원년 의병의 난으로 일본군에 의해 전소됨

서기 1934년 주지 최경언이 중수, 1950년 6 · 25사변 전소, 1970년 비구니 경한, 법당 요사 등 복원,

서기 2001년 청암선사가 선원 2동 요사 2동 등을 복원하고 도량을 일신하며, '용문선원'을 개원하여 전국에서 수행하는 납자들이 모여 정진하는 곳이며, 관음보살 현신 도량으로 많은 불자들의 참배가 끊이지 않는 도량이다.

잠시 도량을 둘러보다가 점심 공양 시간이 되었다. 선방에서 좌선하는 선승(禪僧, 참선을 하는 스님)들은 모두 큰방에서 대중 공양을 하고, 나는 이곳 주지스님과 후원에서 공양을 하는데 어찌나 음식이 정갈하던지 순식간에 한 공기를 다 비우고, 한 공기를 더 먹었다. 상원사는 산이 명산이라 물맛도 좋았다. 마침 산행을 하여 속이 텅 빈 터라 밥맛이 더욱 좋을 수밖에… 공양을 마치고 조금 있으니, 시자가 안내를 하여 선원장(禪院長)스님을 뵐 수 있었다. 내가 스님을 알고, 인연이 지어진 지 어언 30여 년의 세월이 지나 오늘 뵙게 되었는데, 그때 그 모습 그대로였다. 비록 얼굴을 맞대는 일은 없었지만, 스님의 행적을 알고 있었다. 스님은 그 길에서 한 번도 이탈하지 않은 오직 한 길 선승으로서 그 길을 갔다. 오늘 이렇게 큰 선승을 친견할 수 있어서 너무도 기뻤다. 올 때 왔던 그 산길을 되짚어 걸음을 옮기는데, 큰 선승이 건넨 한 잔의 차가 혼미한 나의 정신을 맑히고 오장을 편안하게 하여 주니 옮기는 발걸음이 그렇게 가벼울 수가 없었다.

— 정해년 7월2일 용문산방에서

도우여 도우여

도우(道友)여, 고성을 떠나 서울에 온 지도 벌써 며칠이 지났네. 우리가 며칠 전 고성에서 만났을 때 나보고 "우리가 그 시절이 좋았는데" 하던 말 생각난다. 나 역시 그 시절이 그립다. 팔공산 여덟 준령이 쭉 뻗어서 남쪽 언저리에 대웅전이 있었고 왼쪽에는 우리의 스승이신 큰스님이 계셨고 오른쪽에는 우리들의 꿈이 서린 공양간이 있었지. 그곳에서 밤이 깊은 줄도 모르고 목탁이며 염불을 익혔지. 그리고 새벽 3시에 일어나 각자가 맡은 소임에 따라 대중 스님들의 공양을 준비하며 사춘기를 보내던 그때가 좋았고, 그곳에서 수계를 하고 동구 밖 나가기 전 오른쪽 능선 끝에 별천지가 있었지. 우리는 그곳에 가끔 산책하며 앞날을 생각했지. 그곳이 정말 그립구나.

도우여, 생각나지. 공양간(供養間)에서 나는 채공(菜供, 찬을 하는 소임)을 하고 도우는 갱두(羹頭, 국 끓이는 소임)를 했었지. 당시에 유일

164

한 간식은 큰 가마솥의 누른 밥, 그 누른 밥도 쉽게 못 먹었지. 그때 공양주(供養住)가 둘인데, 생각나지? 키가 큰 서암과 뚱보 대용. 그때 그 누른 밥, 참 맛있었는데… 구수하고 고소하고 바삭대는가 하면 쫀득하기도 했으니까. 당시로서는 먹을 것이 넉넉하지 못하니 누른 밥이면 족하지. 우리가 그렇게 해서 행자 생활 마치고 수계한 후 한 3년 지나서 우연히 만났던 일 생각나지. 그때 둘이서 함께 만행하다 의정부 미군기지 근처 조촐한 여관방에서 잠을 자려는데 옆방에서 하도 소란을 피워 밤새 한숨도 잠들지 못했던 그 순간을 도우도 생각날 거야. 당시 우리의 머리에서 발끝까지 오직 '성불'이라는 그것 말고 든 것이 없어서 항상 속이 허했었지. 그때 도우와 약속했지, 남쪽 호거산(虎踞山)에서 함께 공부하자고. 그 약속을 지키지 못함이 지금도 미안하고 씁쓸하게 생각하는데, 내가 약속을 저버리고 도우와 헤어진 것은 도우는 잘 모르지만 나는 스스로 나를 잘 알기에 헤어질 수밖에 없었어. 그것은 나에게 병이 생겼다는 사실 때문에 함께 수행할 수 없었으며, 또한 그런 것으로 도우에게 폐를 끼치기 싫었다면 나의 자존심인지 고집인지 모르지만 그때 일을 생각하면 아쉬운 추억인 것 같아.

도우여, 지금 이 글을 쓰고 있는 시간에 비가 많이 내리는데 그곳에도 비가 많이 오겠지. 지금이 장마철이라 그런지 방에만 있기도 좀 답답해서 모처럼 노래방을 혼자 갔었어. 절간에 머문 지 오래되어 아는 노래가 많지 않아 생각나는 대로 몇 곡을 불렀는데, 도우도 그 시절 사람이니 알거야. 배호의 '누가 울어' 이 노래, 비 오는 날 부르니 참 좋더라. 그리고 '야생마'는 울산 은을암에서 살 때 도반 태연과 함께 동해안 바닷가를 달리면서 차에서 배웠지. 그런 인연으로 김하정 가수가 서울 적조사에 와서 내 앞에서 직접 불러줬어. 그 흔한 노래방 오늘까지 간 것이 다 합쳐 열 번 정도 될까 해. 그렇게 부르다 옛날 자장암 생각이 나서 'feelings' 도 불렀어. 이 노래 말이야, 20대 초반 깎아지른 절벽 운제산 자장암 남쪽 모퉁이에 서면 앞은 태고의 숨결이 느껴지는 푸른 호수가 있었고 뒤를 돌아보면 20세기 찬란한 산업 사회의 상징처럼 제철소에서 뿜어내는 하얀 연기가 피어오름을 바라보며 홀로 불렀던 그 노래를 나 오늘 비, 하염없이 쏟아지는 거리를 걷다 한 곡을 부르니 왠지 쓸쓸함도 노래자락과 함께 날아가 버린 것 같아.

도우여, 인생은 무엇이며 수행자는 무엇인가? 도인은 달라면 주고, 주리면 먹고, 곤하면 잠자는데 그것이 그렇게 잘 안 돼. 무엇이 있어 줄 것이며, 무엇이 주려 먹을 것이며, 무엇이 곤해 편히 잠을 잔다는 말인가. 물이 위에서 아래로 흐르듯 우리들의 삶도 그렇게 된다면 굳이 수행자니 속인이니 그 무엇을 논하고 말 것도 없는데 그것이 그렇지 않으니 문제인 거야. 굳이 표현하자면 눈 밝은 자는 세상을 바로 볼 것이요, 눈 어두운 자는 세상은 바로 보지 못하고 세상을 살아가겠지. 어찌 생각하면 너무도 당연한 말인데, 이 당연한 말을 내가 왜 이렇게 새삼 들고 나오는지 나도 잘 모르겠어. 사람이 지식을 쌓고 수행의 힘을 얻었다 해도 새가 울 때 즐거워서 우는지 슬퍼서 우는지 그것을 짐작하는 사람은 보도 듣지도 못하였다네. 진정 서로 돕고 서로 의지하고 서로 공유한다면, 사람뿐 아니라 말 못하는 생명체와도 함께 하는 것인데, 사람들은 뭇 생명은 고사하고 같은 영물인 사람들도 서로 속이고 눈물 흐르게 하니 인간이란 참 묘하고 묘한 영물일세.

도우여, 우기에 도체(道體)를 잘 보존하세. 머지않은 시간에 다시 상면하기를 바라면서 이만 줄이네.

삼각산 자락에서 도우 제운.

세상의 아름다움

세상은 본래 아름답다고 말할 수 있을 겁니다.
세상의 문이 처음 열렸을 때를 생각해 보십시오.
파란 창공 가운데 하얀 구름이 채색되어 보이고
끝없이 펼쳐진 광야에 아마도 봄이라고 볼 때 초록으로
물결을 이루며 생명이 준동하는 결을
어찌 아름답다고 말하지 않겠으며 두 팔을 마음껏 벌려
꿈과 희망의 나래를 온몸으로 가득 채우고
앞으로 나아가면 가물거리는 수평선 위에 온갖 빛깔이
춤추듯 일렁이는 그 모습들, 상상만 하여도
세상은 아름답다 하지 않으리오.

그런 세상이 사람들 마음에는 그 언제인가부터
아름답게 보지 못하고 아름답게 느끼지 못하니

이에 광활한 대륙의 한 모퉁이에서 공자가 출현했고
예수가 나오고 부처가 탄생한 것이지요.
그 어떤 성인이든 그들은 각기 인간에게 아름다움을 되찾아 주려고
이 사바에 온 뜻이자 그들의 행복인 것입니다.

중생이 없다면 부처가 없음이요, 중생의 아픔이 없다면
부처의 행복도 없을 겁니다.
중생의 아픔을 달래줄 수 있기에 그는 행복할 수 있었을 겁니다.
세상을 향하는 뜻이 달라도 그 궁극은 다 같은 것이라 여깁니다.
그것은 세상을 아름답게 보는 것이고 인생을 즐겁게 사는 것입니다.
영원한 생명이 어디에 있겠습니까?
그러나 그들은 영원한 생명을 위해 힘들고 괴로운 그 길을 갔고
지금도 가고 있습니다.
사람이 아름다우면 얼마나 아름답겠습니까?
아름답게 보고 아름다움으로 생각하니 아름다운 것이지요?
다른 말로 세상을 미워하는 마음으로 본다면 세상은
밉다 못해 야속하기 그지없지요.

사람의 몸을 갈기갈기 찢어가며 사람을 알려고 해도 사람을 다 알
수는 없는 것
이것이 인생이요, 세상사입니다.
그렇게 뛰어난 문장을 가진 김삿갓이 세상을 등진 까닭이 있다면
세상의 아름다움을 찾기 위함이고, 나폴레옹이 그 방법은 달라도
100만 대군을 거느리고 알프스를 넘은 것도 그것이고, 칭기즈칸이 고

비사막을 넘은 것도 그와 같은 것입니다.

유방이 괭이를 버린 것, 달마가 면벽한 것, 경허가 임종이 가까워오자 북방을 향한 것, 성철이 한때 세상을 등진 것

이런 모든 것이 세상의 아름다움을 찾는 과정인 것입니다.

증자가 바라보는 세상은 진실 그것이고, 순자가 바라보는 세상은 다듬고 꾸미는 것일 겁니다.

부처님께서 준동하는 모든 것은 불성이 있다고 외친 뜻이 무엇이겠습니까?

세상을 아름답게 보는 것입니다.

세상을 아름답게 보기 위해서는 세상을 수평적으로 바로 보아야할 것입니다. 수평적으로 보지 못하고서야 세상을 아름답게 받아들일 수 없습니다.

그러기 위해서는 모든 존재하는 생명은 다 같은 조건이고 그렇게 함께 해야 한다는 것을 그는 주창하는 것입니다.

무엇은 되고 무엇은 안 되고 하는 것은 옳지 못할 뿐 아니라

그 편벽된 마음이 결국 남을 떠나 스스로 세상을 아름답게 보지 못하고 살 수 있기 때문인 것입니다.

인류 문화의 꽃은 갠지스에서도 있었고 황하에도, 티그리스와 유프라테스 강변에도 있었습니다.

그렇게 꽃피운 문화는 서로 다르지 않았습니다. 인간은 홀로 존재할 수 없다는 사실을 알게 했고

그러므로 서로 의지하며 살아가야 한다는 것입니다.

여기에 세상의 아름다움이 있고, 인생의 행복이 있는 것입니다.

hang님, 오늘 오후 5시경에 제 거처에 왔습니다. 고맙게도 그 도반이 내일 모레가 백중인데도 불구하고 이곳까지 차로 함께 해주었습니다.

또한 백중을 보내고 와주길 바랐고 이번에도 대접을 잘 받아 고마운 마음인데 또 대접을 하겠다고 오라 하니 더욱 고마울 뿐입니다.

나는 스스로 그런 말을 가끔 합니다.

"세상을 살아가는 데 있어 누군가를 사랑하고 누군가를 위해 기도하고 기원하는 것이 있어야 한다."

나에게도 진실로 사랑할 수 있고 진실로 기원할 수 있다면 나는 행복할 겁니다.

날 무더운데 항상 건강하시고 가족들 역시 건강하길 기원합니다.

제운

〈답서〉

무더위 속 새로이 시작되는 월요일, 소나기라도 한줄기 했으면 좋겠지요?

스님께서 강조하시는 행복한 삶을 살기 위해 많은 사람들은 종교에 귀의하게 되는 것 같습니다. 좋은 글 감사드립니다.

어제는 방배동 주민 대부분이 신도인 안양에 위치한 말씀전원교회에 주민들의 권유로 따라갔습니다.

진정한 종교인은 이 세상에서 가장 아름다운 재능, 곧 남을 우선적으로 배려하고 남에게 사랑을 적극적으로 베푸는 재능을 가지게 된다는 생각이 들더군요.

찬송으로 설교를 대신하는 남상수 목사님의 음성 봉사에 감격했고

잠시 휴식 시간에 나눈 짧은 대화 속에서 희생과 배려와 사랑의 값
짐을 깨달았습니다.

오후에는 사랑의 결핍을 가장 많이 느끼는 둘째딸을 데리고 영풍문
고에 들러 불교와 기독교를 비교하는 책을 읽어보고, 벤치에 앉아 종
교 이야기 들려주고 영어 동화책 사고 맛있는 음식도 사먹고 '괴물'
영화도 보고….

밤 12시가 넘는 시간에 딸아이랑 집에 돌아왔습니다.

그런 탓에 여느 날과 달리 낮보다 더 눈이 말똥거리면서, 머릿속에
하고 싶은 일들이 비눗방울처럼 퐁퐁 불어졌다 터졌다 했습니다.

결론은 다시 마음을 다잡아 항상 기도하는 생활을 해야겠다는 결심
을 했습니다. 항상 기도를 함으로써 제가 겪는 받아들이기 어려운 현
실도 받아들이고, 잃지 말아야 할 희망도 고이 간직하고 기도를 통해
겸손해지고, 대범해지고 삶에서 가장 귀한 축복의 시간을 누려야 한
다는 그런 결심을….

아침을 생기 있게 시작하고 싶지만,

대개는 일어나야 할 시간을 넘겨 화들짝 놀라 일어나거나,

몇 분이라도 더 자고 싶어 뭉그적거리기 일쑤인데.

오늘 아침은 어제의 그런 결심 덕분에

평소의 태도를 기분 좋게 배반하였습니다.

기도로써 하루를 시작했거든요.

새로이 시작하는 한 주 동안 웃는 일만 가득하고

어제보다 오늘이 언제나 행복하기를~

정행 두손 모음

거친 황야에

hang 님

거친 황야(荒野)에

휘몰아치듯 달려

치킨 반 마리 시켜놓고

(이 무슨 운명인지 감미롭지 못한 음식을 홀로 먹어야 하나)

이 생각 저 생각에

강가에 사는 놈은

늘 강을 생각하겠지

바닷가에서 자란 놈은

늘 바다 쪽을 향하리다.

내가 찾는 임은

험버 강이 아니니 붉은

보석이 한강에 있을까 보냐

기다림의 세월

꿈결에서 가끔은 이루어진다는데

나는 늘 꿈속에서 꿈을

기다리다 생각하니

꿈 같은 인생인데

꿈속에서 나비를 찾으니

나비가 나르다

다시 꿈속으로 가버렸네.

무심(無心)은 허무(虛無)를 낳고

허무는 세월을 허물어 버리네.

오지도 않을 세월

가는 것 내 미처 몰랐네.

언제나 구름에 달 비껴가듯

사고 또 감이어라

오늘 생각에

제운

〈답서〉

훨훨 나는 나비가 되십시오.

1995년 12월 8일… 프랑스의 세계적인 여성 잡지 엘르의

편집장이며 준수한 외모와 화술로 프랑스 사교계를 풍미하던
43세의 장 도미니크 보비가 뇌졸중으로 쓰러졌습니다.

3주 후… 그는 의식을 회복했지만 전신마비가 된 상태에서
유일하게 왼쪽 눈꺼풀만 움직일 수 있게 되었습니다.

얼마 후… 그는 눈 깜빡임 신호로 알파벳을 지정해
글을 썼습니다. 때로는 한 문장 쓰는 데 꼬박 하룻밤을 샜습니다.

그런 식으로 대필자인 클로드 망디빌에게
20만 번 이상 눈을 깜박여 15개월 만에 쓴 책이
『잠수복과 나비(The Diving Bell and the Butterfly)』입니다.
책 출간 8일 후, 그는 심장마비로 그토록 꿈꾸던 나비가 되었습니다.

그는 책 서문에서 썼습니다. "흘러내리는 침을 삼킬 수만 있다면
이 세상에서 가장 행복한 사람입니다."

그의 말에 따르면… 자연스런 들숨과 날숨을 가진 것만으로도
우리는 가장 행복한 사람입니다.

불평과 원망은 행복에 겨운 자의 사치스런 신음입니다.

어느 날, 그는 50센티미터 거리에 있는 아들을 보고도
그를 따뜻하게 안아줄 수 없어서 눈물을 쏟았습니다.

동시에 슬픔이 파도처럼 밀려와 목에서 그르렁거리는 소리를 냈
는데,
그 소리에 오히려 아들은 놀란 표정을 했습니다.

그때 그는 건강의 복을 모르고 툴툴거리며 일어났던
많은 아침들을 생각하며 죄스러움을 금할 길 없었습니다.

그는 잠수복을 입은 것처럼 갇힌 신세가 되었지만
마음은 훨훨 나는 나비를 상상하며 삶을 긍정했습니다.

그는 말합니다. "혼수상태에서 벗어난 직후
휠체어에 앉아 산책에 나섰을 무렵, 우연히 등대를 발견한 것은
길을 잃은 덕분이었습니다."
길을 잃어도 희망을 포기하지 않으면 등대를 찾을 수 있습니다.

기회는 위기 덕분이고, 일류는 이류 덕분이고,
고귀함은 고생함 덕분입니다

상처는 상급을 기약합니다. 만신창이가 되어도
사는 길은 있습니다. 넘어진 곳이 일어서는 곳입니다.

가장 절망적인 때가 가장 희망적인 때이고,
어두움에 질식할 것 같을 때가 샛별이 나타날 때입니다.

희망이 늦을 수는 있지만 없을 수는 없습니다.
별은 멀리 있기에 아름다운 것처럼
축복은 조금 멀리 있어 보일 때 오히려 인생의 보약이 됩니다.
늦게 주어지는 축복이 더욱 풍성한 축복입니다.

꿈과 희망은 영혼의 날개입니다.
내일의 희망이 있으면 오늘의 절망은 문제가 되지 않습니다.
가장 비극적인 일은 꿈과 희망을 실현하지 못한 것이 아니라
실현하고자 하는 꿈과 희망이 없는 것입니다.
꿈과 희망은 축복의 씨앗이고, 행복의 설계도입니다.

꿈과 희망을 품고 삶을 바라보십시오.
힘들다고 느낄 때 진짜 힘든 분들을 생각하십시오.
절망 중에서도 마음속에 태양을 품고 온기를 느끼십시오.

바른 길로 이끄는 '상처의 표지판' 을 긍정하며
내일의 희망을 향해 훨훨 나는 나비가 되십시오.

정행

hang 님께

오늘 '氣' 하시는 분이 왔습니다. 기에 대한 이런저런 이야기를 하다 그가 오면 주려고 미리 그려둔 달마 한 점 받아들고 기틀을 두 손에 쥔 채로 기 측정을 했습니다.

기의 범위가 600미터는 나온다고 하면서 좋아했습니다.

그리고 잠자는 방에는 수맥이 없다고 했고 거실 쪽으로 비스듬히 두 줄기 기가 흐르긴 흐르는데 서로 겹치지 않아서 괜찮다고 했고, 그럭저럭 세 시간 가까이 머물다 갔습니다. 내가 그분이 여기까지 와 주신 것이 고마워 그림 외에 즉석에서 글을 한 장 써 드렸더니 매우 기뻐하며 돌아갔는데 전화로 다시 말하길 너무도 큰 선물을 받았는데 보답하지 못해 미안하다면서, 지금 충청도 수해 현장에서 5일 동안 머물다 별 준비 없이 곧 여기로 왔으니 현장 정리가 되는 대로 다시 방문하겠다 합니다. 그리곤 인터넷에서 스님을 뵈면서 굉장히 보수적인 줄 알았는데 너무도 달랐다, 스님을 툭 건들면 장난이라도 칠 것 같은 느낌이 들었다는 말을 남기고 끊었습니다.

hang님, 인연이 무엇인가 다시금 생각을 합니다. 불가에서는 옷깃을 한번 스치는 것도 500생의 인연이 있어야 한다는데…

세상에는 수많은 인연이 있고 그 수많은 인연이 만나고 헤어지고 부닥치고 떨어지고 하는 것이 마치 부나비들이 불을 향해 모였다 떨어졌다 하며 잔치를 벌이다 불에 타 죽기도 하는 것과 흡사하다는 생각을 합니다.

고승들이 내리는 법문의 골자는 "주리면 먹고 곤하면 잠자라"는 식이 공통된다는 겁니다. 알고 보면 뭐 별거 아닌 것 같이 느낄 수도 있으나 한 경지를 뛰어넘어야 비로소 스스로의 자기를 알 수 있는 것이요, 그것은 마치 처음 불교를 접했을 때 산을 산같이 보지 않고 물을 물같이 보지 않는 것과도 같은 것입니다. 그러나 불교를 제대로 이해하고 나면 그때 산은 산이요, 물은 물이구나 하는 것을 알게 됩니다.

본래 청황적백은 없는데 사람들이 청황적백을 분별하기 때문입니다.

遠觀山有色 원관산유색
近聽水無聲 근청수무성
春去花猶在 춘거화유재
人來鳥不驚 인래조불경
頭頭皆顯霧 두두개현무
物物體元平 물물체원평
秖爲太分明 지위태분명

멀리 바라보니 산은 빛깔이 있고
가까이 들으니 물은 소리가 없어라
봄은 갔건만 꽃은 아직 남아 있어
사람이 와도 새 놀라지 않네
머리 머리가 다 드러나니
물물이 원래 평등하더라
어찌 모른다 하겠는가?
　　― 야부冶父 頌

〈답서〉

오늘은 직원의 휴가로 인해 무척이나 바빴습니다.
스님께 전화도 못할 정도로.
이렇게 힘들어도 내가 번 돈으로 남편의 생명을
연장시키는 약을 구입하고 주사를 맞게 해주고
골프장을 위해 남아 있는 직원을 살리고 있으며
아이들이 잘 자랄 수 있도록 하고 있습니다.

내가 하는 직업을 통해서 충분히 보살업을 행할 수 있기에
전 참 행복합니다. 때로는 하루를 너무 빨리 살고
너무 바쁘게 살고 있기에 그냥 마시는 커피에도 그윽한
향이 있음을 알 수 없고 머리 위에 있는 하늘이지만
빠져들어 흘릴 수 있는 눈물이 없을 때도 있지만.

그러나 내 마음속의 세상은 아름다우며
언제나 내가 만나는 사람들을 사랑할 수 있는 마음을 갖고
있어 행복합니다.
바쁜 일과 중에도 가끔은 커피에서 나는 향기를 맡을 수 있고
하늘을 보며 눈이 시려 흘릴 눈물이 있기에 난 슬프지 않고
내일이 있기에 나는 오늘 여유롭고 또한 넉넉합니다.
얼마 전 기에 관하여 공부해 둔 것이 있어 스님께 첨부 파일로
보내드릴게요. 저도 스님처럼 기가 넘칠 수 있었으면 좋겠습니다.
바쁘게 살아가는 동안에 넘치는 좋은 기운은 소중한 인생을 가장
아름답게 살아가는 지혜를 줄 수 있을 것이니까요.
항상 좋은 기가 감싸기를 바라면서…
늦은 밤 정행 합장

hang님을 향하여

세상의 많은 일들 잊으려 하지만

잊으려 하면 할수록 세상사는 더욱 뚜렷하여라.

나는 세상을 멀리할 수는 있어도

세상은 나를 향해 더욱 치닫네.

사람은 무엇이고 세상은 무엇인가.

봄이 와서 농부가 씨를 뿌리는 것이

세상을 더욱 세상답게 하여라.

여름이 와서 씨 뿌린 농부의 힘을 더나 했는데

바람 비가 너무 성해서

농부가 천심 되지 못하게 하네.

사람은 누구나 본시 천진불인데
홀연히 찾아드는 진눈깨비 찬바람이
악하고 추한 꽃으로 변하게 하네.
세상이 아름다운가, 사람이 아름다운가.
본래 아름답고 추함은 없는 것
추함 속에 아름다움이 있고, 아름다움 속에 추함이 있어라.
그러니 미워하고 시기하고 질투하며 살 일이 무엇인가.

사람들이 한 마음이면 세상의 일도 하나
그 청정하고 고귀하고 아름다움은 바로 그것
여기에 가 짜 타 짜 이런 것은 없나니
그저 향기롭고 향기롭다 못해 긴 꿈에 젖어들 것을….

吾何城倉洞 오하성창동
勞妄世上事 노망세상사
便得訪問客 편득방문객
已忘世上事 이망세상사

내 어찌 서울 창동에 사는지
세상을 잊으려 애를 써 보았지만
문득 찾아온 손님에 의해
이미 세상을 잊고 지내네.

어제가 칠석날이라는 것을 방문한 신도들에 의해 알게 되었으니 참 세상 일 모르고 지내고 있구나 하는 것을 새삼 떠올립니다.

어제 의정부 도반의 생일에 갔었는데 그 도반의 하객이 일반 여자 신도와 몇몇 처사 외는 보이는 사람이 없어서 참 이상하다 생각하면서 이곳에 와서야 내방객을 통해 알았으니 얼마나 달력도 보지 않는지 스스로 생각해도 이해되지 않습니다. 절에서 행하는 행사 중에 큰 행사를 한 그런 날을 잊다니 참 어이가 없네요. 견우직녀가 만나는 날이라 일반 사회 사람도 다 아는 그런 날을 모르다니 진짜 세상사 다 잊나 하는 생각이 듭니다.

hang님, 그날 의정부에서 서울 신도들이 온다는 전화를 받고 빨리 와야겠다는 생각에 택시를 탔는데 모자 쓰고 입은 의상이 특별해서 그런지는 몰라도 동료의 생일 이야기를 하다가 나에게 나이를 묻기에 말을 하였더니 십년 이상 젊게 봐줘서 기분이 좋았습니다.

이제 마음이 좀 잡히려는지 한 5일 정도 밖을 나 다니지 않았습니다.

자정이 지나 인터넷을 하다 매일을 보고 생각되는 대로 두서없이 몇 자 적어 보냅니다.

진심인지 가심인지 항상 건강 챙겨 주서서 고맙습니다. 역시 건강한 가족이길 바랍니다.

제운

〈답서〉

지난 며칠을 가만히 되돌아봅니다.

수 년 만에 만난 스님과 이런 편지를 주고받게 된 것이

불제자로 붙들게 하려는 부처님의 크나큰 축복이라 생각합니다.

제대로 된 포교사로 쓰이는 그날을 위하여 배우고 준비하며
내일도 모레도 저는 소달구지 산길을 가듯 뚜벅뚜벅 걸어가려 합
니다.

행여라도 지쳐 쓰러지지 않고 똑바르게 먼 길을 갈 수 있도록
스님께서도 더 큰 관심과 사랑으로 지켜봐 주시고,
힘이 되어 주시고, 또 울타리가 되어 주십시오.

영혼을 맑게 해줄 수 있는
스님이 곁에 있어 정말 행복합니다.
감사합니다.

오늘도 웃는 하루 되세요.

정행 합장

스님!

종교적 선택에 관한 좋은 말씀에 많은 생각을 해보았습니다.

나름대로의 결론은 정답과 오답의 문제가 아닌 제대로 믿는 것 아니겠습니까?

성경이든 불경이든 내 삶의 행복 면허증을 안겨줄 고마운 가르침이니, 어느 것을 선택하든 그 가르침에 순종하고 아름답게 살기를 바랄 뿐입니다.

분별심을 경계한 부처님의 가르침처럼…

매일 날씨가 좋으면 사막이 되고 맙니다.

비바람은 거세고, 귀찮은 것이지만

그로 인해 새싹이 돋습니다.

내 앞에 비바람이 불 때

나의 소임이 무엇인가를 생각하면서 참고 견디면

좋은 날은 반드시 옵니다.

오히려 매일 날씨가 좋으면 사막이 되고 만다는 것을 생각하고
다만 고통스러웠던 그 기억이 오히려 승화될 수 있다고 하는 생각
을 해주었으면 하는 바람뿐,
일요일에는 성경 공부를 좀 해볼까 합니다.
자신이 현재 이 세상에서 공기를 마시고 있음에 정말 감사하다는
마음으로 오늘을 살아갑니다.
어제는 역사이고, 내일은 미스터리이며
그리고 오늘은 저에게 선물이거든요.
그렇기에 역사로 인하여 생긴 병은 마음에 따라 없는 것으로 만들
수 있지 않을까요?
오늘의 선물에 만족하고 건강 유지하시기를 바라면서…

〈답서〉

불교에서는 인연이라는 말을 많이 씁니다.
인연이란 잘 아시겠지만 만남의 조합 이론입니다.
인이 씨앗이라면 연은 씨앗이 결실을 맺을 수 있는 모든 여건입
니다.
저의 정신 영역에는 언제인가 성철스님께서 하신 말씀 "내가 머물
고 행하는 이곳보다 더 좋은 곳이 있다면 나는 그곳으로 가겠다."와
같습니다. 나는 스스로 과거에 법문을 통해 인간이 그 무엇을 택한다
는 것은 궁극적으로 '행복'이라는 것이 전제된다는 내용을 밝힌 바가

있습니다. 그러나 종교는 쉽게 택하고 물릴 수 있는 그런 성질이 아닙니다.

인간이 물질과 정신을 논하다가 결국 물질로 돌아가는 예가 다반사이지만 그러나 인간이 목숨을 걸지라도 현혹되고 넘어설 수 없는 것이 있습니다. 우리가 흔히 말할 때 '종교는 자유다' 라는 말을 기억할 겁니다. 인생에는 수많은 다리를 건너게 되는데 한번 넘으면 다시 돌아올 수 없는 다리가 있습니다.

정행님, 보살의 인생은 보살이 결정하는 것이지만 코 아래로만 보고도 살 수 있지만 이왕이면 코 위로 더 넓은 세상을 바라보고 산다면 큰 후회는 없을 겁니다.

나는 보살을 사랑합니다. 사랑하기에 이런 글을 씁니다. 언제인가 제가 "아무리 사랑을 하고 약속을 하고 맹세를 해도 사람은 변한다. 그러나 그 변함이 잘못은 아니다. 세상에 변하지 않음이 없는데, 사람의 마음은 변하지 말아야 한다면 그것이야말로 모순이 아닌가…" 하였듯 변하고 또 변하는 것이라지만 만약에 내가 종교를 바꿔서 영원토록 후회하지 않을 수만 있다면 지금 당장이라도 그렇게 하라고 권하고 쉽지만 만약 후회와 아쉬움이 생기면 자칫 돌아올 수 없는 다리가 될 수 있기에 지금 보살이 불교에 다소 흡족하지 못할지라도 현재를 중요하게 생각하면 좋겠습니다.

그리고 만약 가족들의 환경에 따라 맞추려는 마음이 있다면 그것은 후회가 따릅니다. 사람이 만나면 헤어지고, 세상에 나오면 반드시 죽는 것처럼(會者定離 生者必滅) 인간은 동물이면서도 동물과 다른 것이 있습니다. 그것은 천만 명을 세워 놓아도 서로가 다른 그것이 인간입니다. 사랑하기에 만난 사람도 그렇고 내 뱃속에서 내가 고통을 감내

188

하면서 낳은 자식도 잠시 인연이 있어 서로 의지하고 뜻을 함께 하는 것일 뿐 일정한 시간이 지나면 서로가 상반된 인생을 살게 되는 것입니다. 그러기에 나는 이 우주에 둘이 될 수 없고 오직 나 혼자이기에 인생의 시작과 끝도 스스로 택하고 갈 뿐인 것입니다. 오늘은 이 정도로 쓸게요.

제운

한 생각

나, 여기 올 때
벗어나려고 했지
머리에서 발끝까지
덕지덕지 붙은 번뇌, 두려움, 망상

이 모두를
천등산 박달재를 두고서
몰록 잊으려 했지

동천 암벽 사이로 흐르는 물을 보며
마음을 씻으려 했지
잠깐의 망각이
대상을 찾지 못해 멈춰 버렸지

솔 사이로 바람이 일고
샘물은 바위를 때리는데
어디선가 혼이 유희하는 듯
내 왼쪽 머리를 스쳐 지난다.

슬프게도 사람사람이
동쪽에 묻고 서쪽을 향하니
인생은 고요하다고 누가 말했으며
행불행은 누구의 몫인가

바람 차가운 날 깃 세우고
눈 비 떨어질 때
우산 드는 것을
어떤 이는 동쪽을 보고
어떤 이는 서쪽을 달려가더라.

짖는 개는 물지 않는다.
늘 나는 향기는 이미 향기가 아니다

증자가 말하지 않던가?
새가 죽을 때
그 소리가 더욱 구슬프고
인간이 임종에 다다르면, 진실된다고

인간은, 산다는 말보다는
그곳으로 한 발짝 치닫고 있다고.

산에 오면 산 생각을 하고
들에 가면 들 생각을 하면 좋으련만
집 밖에서 집 생각을 하고
집 안에서 밖 생각을 하니
인간은 늘 그렇고 늘 그러하여
몸 정신 하나로 쳇바퀴 돌듯 한다.

안녕하십니까?

오늘은 날씨가 무덥네요.

나는 스스로 여름 사나이라고 여겨왔는데

여름은 오간 데가 없고 무더위의 답답함만 더하니

어디서 왔다 어디로 갈 것인지

참 묘한 삶을 살고 있구나 하는 생각이 듭니다.

어제는 적조사 신도 몇 분이 찾아왔습니다.

검은콩 두유와 잘 풀리라고 두루마리 휴지 한 톨을 들고 왔습니다.

정행, 요 얼마 전 교회 다니는 딸과 함께 전원교회 수련회 간다고 하였는데, 정행님도 참 묘한 인생을 영위합니다 그려.

부처님이 꽃 한 송이 들고서 스스로 생각했다면 '아는 놈은 알겠지'라고 하지 않았을까 하는 생각이 듭니다.

가섭이 그때 미소로서 답을 했는데 만약 부처님의 마음을 읽었다면 그 자체로서 묘한 미소가 입가에 절로 번져 나오지 않을까요?

생각하건대 저는 많은 여성에게 감사를 드립니다.

왜냐하면 그 많은 여성들이 절을 찾지 않으면 절이 어떻게 되겠습니까? 그래서 불가에서 불사문중 불사일법(佛事門中 不捨一法)이 딱 해당이 되지요.

정행님 화제를 좀 바꿔서, 여름에 사람들이 말하는 피서, 정행님은 어떻게 보냅니까? 저는 피서니 바다니 잊은 지가 제법 되는 것 같네요. 20대 중반에서 30 후반까지는 해마다 등산 장비를 갖추고는 전국의 명산 계곡, 바다 두루 안 다닌 곳이 없을 정도인데 지금은 그렇지 못하니 이것도 인생의 한 단면이고 자연스러운 것이라면 어쩔 수 없는 것 아니겠습니까?

아무튼 여름날 건강히 보내길 바랍니다.

제운

〈답서〉

피서요? 아직도 저에게 그 두 자가 낯선 이름으로 들리는 것은
가족을 돌봐야 하는 무게가 남아 있나 봐요.

스님은 돌볼 가족이 없으니 떠나고 싶으면 언제든지 가실 수 있지 않나요? 젊은 날처럼 명산을 다녀보시면 그때와는 다른 느낌 가질 수 있을 것 같은데…

돌이켜보면 어린 시절 지루하다고 안달하며 서둘러 어른이 되려고

했고 어른이 되어보니 다시 어린애로 돌아가고 싶어지고…

놀라운 사실이 아니지만 중생들은 정말로 어리석은가 봐요.

돈을 벌기 위해 건강을 해치고 잃어버린 건강을 위해 번 돈을 다 써버리고

미래에 집착하느라 현재를 잊어버리고 결국 현재에도 미래에도 살지 못하고…

결코 영원토록 죽지 않을 것처럼 살다가는 마침내는 하루도 못 살아본 존재처럼 무의미하게 죽어가고…

피서 얘기에 이런 저런 푸념들을 늘어놓았군요.

그래요, 스님 생각처럼 여성이 절을 찾는 것은 참 감사한 일이지요. 그러나 절이 여성의 사고에 변화를 준 것은 더 감사한 일이랍니다. 저역시, 가장 많이 가진 자가 부자가 아니라 더 이상 필요한 것이 없는 사람이 진정한 부자라는 사실을 깨쳐 준 부처님의 가르침을 그 절에서 배우게 되었지요.

이생에서 스님의 자리에서 고통받고 상처받는 많은 중생들에게

감로수를 전해 주시고 행복 면허증을 발급해 주기를 바랄게요.

발급받은 기간이 오래된 저와 같은 중생에게는 갱신 통지서를 발급해 주시고

어느 계절 할 것 없이 항상 좋은 계절되시고 행복하세요.

정행 합장

자화

길에서 길을 찾고
집에서 집 구하기
그 얼마였던가?

나아가려 하면 할수록
길은 멀어지고
나와 함께 사람들
심성이 쪼들어 가니

그런 까닭에
스스로 그림을 그려
마음 등을 밝힐까 한다.

허심의 중생심
오감이 없는데
달리 무엇을 구하려 하나

안타까운 심성에
세월이 가건 말건
좁아만 가는 우리들 인간상.

X부
공덕은 아름답다

나
三角山
想香호이라오

그는 지장의 화현이다

그는 요즘 새벽 두 시면 어김없이 일어난다. 그렇게 일찍 일어나는 것은 저녁 여덟 시면 잠들기 때문이다.

그가 거처하는 곳은 용문산 근처 한 마을 언저리로 토굴생활을 하고 있다. 새벽 두 시에 일어나 토굴의 작은 법당에서 부처님께 아침예불을 하는 것으로 하루 일과가 시작된다. 예불이 끝나면 곧 지장보살 원력 삼매(三昧)에 빠져든다. 그러고 나면 토굴 앞에 개울물이 흐르는 산등성이를 돌면서 산책을 한다. 산책을 하고 나서 돌아와 아침 공양을 준비하여 새벽 여섯 시가 되면 공양을 하는데, 이런 생활을 내가 이틀 동안 그와 함께 잠을 자면서 생활을 해보고 알 수 있었다.

어찌 생각하면 너무도 자연스러운 일상 같지만 그렇지 않다. 이른 아침 출근을 하는 사람도 아닌데, 새벽 두 시에 기상을 해서 이른 새벽에 공양을 준비하고 새벽에 밥을 먹는 것은 아무리 수행하는 스님일지라도 흔치 않는 일이다. 대중의 처소라면 당연한 일이지만 혼자서 생활하는 것으로는 좀 유별나다고 하지 않을 수 없다.

그가 지금 이런 생활을 하지만 한때는 기(奇)승으로 괴각(乖角)으로 전국에 이름을 떨쳤다. 그는 늘 단조로운 행장으로 생활에 막힘이 없어, 가고 싶으면 가고, 머물고 싶으면 머문다. 이것은 마치 한 경지에 다다른 도인의 모습과도 흡사하다.

금강경오가해 야보(冶父)스님의 게송에 '반래개구 수래합안(飯來開口 睡來合眼) "밥 오면 밥 먹고, 잠 오면 잠 잔다."는 말로서 일체의 의심(수행자가 공부의 분상에서 생기는 알음알이)이 끊어져 더 구하고 바람이 없어서, 마치 소를 먹이는 목동이 소와 하나가 되어 소를 타고 피리를 불다가 풀을 먹일 때가 되면 고삐를 풀어놓아 소는 소대로 목동은 목동대로 유유자적한 모습과도 같은 것이다.

그가 전국에 이름을 떨친 것은 특별한 그 무엇은 아니다. 그저 집착과 분별의 경계가 끊어져 물이 흐르듯, 구름이 머물고 흘러가듯, 이곳저곳 이산저산 다니다 보니 많이 알려져서 그렇기도 하고, 또한 한잔의 술(곡차)에 취해 세상을 뒤집었다 엎었다 하기 때문이다. 어느 날은 병들어 죽어가는 사람을 극진히 보살펴 그의 임종까지 지켜주는가 하면, 어느 때는 유흥가에 나타나 한바탕 난리를 부리기도 한다.

그는 기골이 장대하여 옆모습이나 뒷모습은 좋은데 앞모습을 대할 때면 그를 피하려 든다. 그것은 그의 모습이 흉하기 때문이다. 언제인가 정확히는 알 수 없지만, 그의 20대 사진을 보니 참 잘생긴 얼굴이라는 것을 알 수 있었다. 그렇지만 그 뒤 사진은 보지 못하였다. 그것은 그가 20대 후반쯤 어떤 상황에서 큰 화상을 입었던 것이다.

202

그는 전신 화상을 입었다. 그러기에 그를 처음 대하는 사람은 쳐다보기 거북해 할 수밖에 없다. 그는 전신 화상을 입은 관계로 열 몇 번의 피부 이식 수술을 받게 되었고, 그로 인하여 정신적으로도 고통이요, 육체적으로도 고통의 나날이었다. 특히 전신에 화상을 당하고 보니 혈액 순환이 잘 되지 않는 관계로 의사의 권고에 따라 술을 마시기 시작했다. 술이 들어가면 통증도 완화되고 혈액 순환도 도와주니 자연히 술이 술을 부르는 시절도 있었다.

그러던 어느 날 양평의 어느 찻집에서 손님들이 꽤 있었는데 다 아는 사람들이라 형님 동생하면서 여럿이 앉아 있었다. 스님이 들어오는 순간부터 수군거리기 시작했다. 그러자 스님은 당시만 해도 콤플렉스가 있어 남들이 자기의 흉한 모습에 이러쿵저러쿵하는 것을 몹시 꺼려하던 때라 그냥 참을 수가 없었다. 그는 곧바로 탁자를 엎어버렸다. 그러자 수군거리던 사람들이 옆 사람들하고 합세하여 달려들었다. 스님 역시 그냥 당하고만 있을 수 없어 한바탕 싸움이 일어났는데, 깨지고, 찢어지고 하여 모두가 파출소로 갔다. 다행히 스님은 혼자고 상대는 여럿이다 보니 잘 해결이 되기도 했지만, 어느 때는 그의 행각을 모티브(motif)로 해서 '탈속'이라는 연극이 만들어져, '서울 연극대상'을 받아 화제가 되기도 했으며, 또 월정사에 살 때는 승가(僧家) 전통 비법인 '마가목차'를 "건강하게 삽시다." "무엇이든 물어 보세요"에 출연하여 소개한 일도 있다.

그렇게 세월을 좀 보내다 피부 이식 수술이 잘 되어, 지금은 술도 끊고 조용히 자기 수행의 길로 가고 있으며 그가 늘 해오던 지장보살의 원력을 실천하는 마음으로 전국 방방곡곡에 어려운 일이 있으면 찾는 것을 꺼려하지 않는다.

그는 화상을 입자 스스로가 화탕지옥(火湯地獄)에 한 번 다녀왔다는 그런 정신으로, 자기의 몸 전부를 다 기증하기로 하였으며, 무소유(無所有)를 실행하다 한 때는 전국의 화상 환자 협회를 만들어 화상 환자들의 소외된 삶을 알리려고 텔레비전 채널을 통해 화상 환자들의 의료 문제 등을 해결하는 데 앞장서기도 하였다.

그러하기에 절에서는 늘 지장 기도를 하고 지장 기도의 원력으로 다른 절에서 법문을 청하거나 하면 거절하지 않고 찾아갔다. 지금도 새벽 2시에 일어나 지장보살의 원력 기도를 빠뜨리지 않고 하고 있으며, 새벽밥을 혼자 해먹으면서도 귀찮아하거나 힘들어하지 않는다.

그가 속한 경상북도의 대본산 J사가 그의 본사다. 그곳에 그의 스승이 계시고, 또한 권속이 있어 그곳으로 들어와 편하게 지내기를 바라지만 그는 현재의 생활에 만족한다. 그런 까닭이 있다면 그는 그의 모습이 그렇듯 본사에 누가 되는 것을 싫어하는 측면도 있고, 또 스스로 지옥에 한번 다녀왔나는 생각으로 소임을 맡기려 해도 사양을 하면서, 스스로 수행을 잘해 도업을 완성하지는 못할지라도 고통받는 사람들에게 자기의 힘이 미칠 수 있다면 그들과 함께 하겠다는 원력(願力)으로 오늘도 여기저기 다닌다. 잠을 목욕탕에서 자면서도, 매달 열 곳도 더 되는 시설을 찾아 후원금을 내거나 직접 몸으로 동참하여 그들과 함께 하고 있는데, 양로원이나 경로당을 자주 찾는 관계로 어떤 시설에서는 이 스님을 경로스님, 양로스님이라 부르기도 한다.

부처님께서는 소 잡는 백정을 제도하기 위해 그곳에 들어가 그들과 함께 하며 그들을 제도한 일이 있었고, 신라의 원효(元曉)대사는 뱀을 잡아 생계를 이어가는 뱀복이와 함께 생활하며, 그의 모친이 상을 당하자 그의 모친을 위해 "사는 것이 힘들어도 죽기도 쉽지 않아, 죽지 않고 살려고 하지만 사는 것 어렵구나(莫生兮其死也苦, 莫死兮其生也苦)."라는 법문(法門)을 남겼는가 하면 그들과 함께 생활하면서 그들을 제도하고, 거리에서는 "나무아미타불"을 염하며, 목탁을 치고 다니기도 했다. 그것도 당시 신라 최고의 고승이자, 학승이요, 왕실에 가서는 왕을 위해 법문하던 바로 그가 말이다.

그러하기에 여기 혼탁해 가는 오늘날 이 시대 지장보살의 원력으로 지장의 행을 하는 한 구도자야말로 이 시대가 요구하는 지장보살이 아닐까 하는 생각을 하게 된다. 그의 바람대로 그의 머릿속에 담고 가슴에 품은 신라 제일의 고승, '해동의 불'이라고까지 불리었던 원효대사의 스승이자 역시 신라의 최고의 걸승이면서 거리의 스승인 대안대사(大安, 惠宿으로도 부름)의 동체 대비 사상을 흠모하여 실천하고자 하는 그의 의지와 행보가 사뭇 우습다.

알다가도 모를 이 생이여! 알다가도 모를 중이여! 우습다, 우습다. 呵呵呵 돌, 咄

地藏大聖威神力　지장대성위신력
恒河沙劫說難盡　항하사겁설난진
見聞瞻禮一念間　견문첨예일념간
利益人天無量事　이익인천무량사

대성 지장보살 신통력은

억겁으로도 다 말하기 어려워
보고 듣고 예배하는 한 순간
인천의 이익 헤아릴 수 없어라.

付 大眞上人

그대의 발길이 닿는 곳
흰 코끼리 탄 보현보살이 맞이하고

그대 손길이 미치는 그곳
푸른 옷 입은 동자, 백련을 보이네.

아득해서 모래알 같은 진세(塵世)
걸음걸음이 쉼이 없어라.

태양 아래 빛은 밝은데
빛이 있어도 빛을 잃은 자여
한 줄기 빛이어라 싶으면

바람 불고 찬 눈이 내려
뒤처진 한 마리 기러기라네.

눈이 있어도 앞을 보지 못하고
귀가 있어도 뒤를 듣지 못하는

심사의 요동치는 순간이었어라.

지금 그대가 쉬고 있는 그곳이
시원하고 또 시원해서
어느 때는 무지개를 좇고
어느 때는 무지개가 그대를 따르네.

인생은 길고도 짧은 것
영원이라면 영원은 저만치 달아나고
돌아보는 세월이 야속하구려.

구름, 벗

쉬어 가세 쉬어 가세
청아한 물소리 들으며,
마음 씻고 몸 씻어
구름과 벗해 보세.

오뉴월 볕, 싫어해도
돌아보면 잠깐인데
우리네 삶 그와 같아서
길다 싶으면 짧고
짧다 싶으면 늘어지고
하나를 가지면 더 달라고

욕심은 끝이 없어

채워도 채워도 다 채우지 못할 바
비워 비우고, 털어 털어서
텅텅 비워 근심이나 더세

저기 둥실 떠도는 구름
어허이, 어허이 불러대어
구름, 벗이나 해보세.

― 용문산방에서

금강경이 우리에게 주는 교훈

　금강경(金剛經)은 부처님과 제자, 수보리(須菩提)의 대화를 중심으로 엮어진 경전이며, 어느 경전에서도 찾을 수 없을 만큼 생동감이 넘치는 경전이다. '금강경' 하면 불교에 처음 입문한 사람들이 독송을 많이 하는 경전 가운데 하나지만, 세속에서도 불자들을 중심으로 가장 많이 읽혀지는 경전이다.

　그러므로 시중에 나가면 금강경이라는 한 소재를 가지고 스님, 불교 학자, 교수, 재가 신도 할 것 없이 많은 사람들이 번역을 하고 강설(講說)한 것이 나와 있다. 이것은 이 경전이 가지고 있는 어떤 특질이 있기 때문인데, 내가 어려서 절에 들어와, 이 경을 매일 독송을 했었다. 하지만 매일 독송을 했다면 이 경만은 훤하게 꿰뚫었어야 했는데 그렇지 못했다.

　당시의 금강경에 대한 가르침의 인식이 잘못 받아들여진 원인도 그 중 하나가 될 수 있는데, 금강경의 대의가 "일체진공묘유(一切眞空妙

210

有)”라는 말이 머릿속에 꽉 박혀 있다 보니 금강경의 참 뜻을 이해하는 데 혼돈이 생기지 않았나 하는 생각을 해본다. 일체진공묘유란, “일체가 참으로 공하지만 묘함이 있다” 이 말은 ‘공하지 않다’ 라는 말이 된다.

지금 생각해 보면 한마디로 무슨 말인지 모르겠다. 비었으면 빈 것이고 있으면 있는 것인데 참으로 공하다는 말은 조금도 누가 없이 텅 비었다는 뜻으로 받아들여질 수 있다. 이런 말이 이해가 갈 수 있겠는가? 이것은 경전을 바로 이해하는 데도 문제가 된다고 본다. 그리고 그보다 더 중요한 것은 “일체진공묘유”라는 말이 금강경의 대의에 맞지 않다는 것이다. 왜냐하면 금강경을 보면 그런 유사한 내용도 잘 나오지 않는데 그런 어려운 말로 금강경을 이해시키려 했는지, 지금 생각하면 아찔한 생각이 든다.

금강경의 한역 원문을 자세히 들여다보면 첫 번째 법회인유분(법회이유분. 법회를 연 까닭)부터 끝까지 거의 주종을 이룬 것이 ‘상’ 이다. 즉, “아상 인상 중생상 수자상(我相 人相 衆生相 壽者相)”을 말하고 있다.

“수보리야, 만약 보살이 아상, 인상, 중생상, 수자상이 있으면 보살이 아니니라(須菩提 若有 菩薩 我相人相衆生相壽者相 則非菩薩).”

이렇듯 금강경은 상을 없애야 한다는 것을 강조하는데 상에 있어서, 네 가지를 들어 말씀하신다.

아상(我相) ; 나라는 생각. 아집(我執)을 생각할 수 있는데 지나치게 자기를 내세우고 자기를 중심에 놓은 것.

인상(人相) ; 남이라는 존재로 의식해서 자기와 차별하고, 업신여기는 마음을 내는 것.

중생상(衆生相) ; 지극히 중생적인 생각을 냄. 욕심내고, 짜증부리고 좋은 것만 취하고, 미래를 믿지도 않고, 생각지도 않는 것.

수자상(壽者相) ; 오래 산다는 생각, 오래 살 수 있다는 생각. 스스로 자기를 수양하지 않으면서 영원을 바라는 것.

앞서 아상 인상, 중생상, 수자상을 들어 말하였는데, 이것은 나의 관점에서 나온 판단이니 잘못이 있을 수 있다. 금강경을 해석한 모든 사람들의 해석은 각기 다르다. 여기 '상'을 풀이하면 "나라는 모양"의 짧은 두 글자를 너무 나열하여 일반인들이 쉽게 이해하기가 어려운 것 같아, 쉽게 이해하고자 하는 마음에 그렇게 풀었는데, 보편적인 금강경 해석서와는 많은 차이가 있을 수 있다. 한문은 뜻글자인데 '수자'(壽者) 하면 목숨 수자로서 수명을 뜻하고 그 뒤에 상을 붙이면 오래 살려는 모양 즉 오래 살겠다는 생각, 이런 정도의 해석인데 반해 너무 나열이 되어 이해하기도 어렵고, 본질과도 거리가 멀어질 수 있다는 것이다.

금강경 하면 떠오르는 것이 부처님께서 중생들이 버려야할 것을 네 가지 상으로 말씀하셨는데 그것을 수보리를 통해 여러 비유를 들어가며 말씀하신 것이 첫 번째이자 이 금강경의 핵심이 된다고 본다.

나아가서는 중생들의 공덕, 복이라는 것에 대한 이야기를 수보리를 통해 하시면서 물질의 세계보다는 정신의 세계가 수승하다는 것을 역시 수보리와 함께 적절한 비유와 함께 하셨다.

212

우리가 금강경을 받아들이기에 앞서 먼저 강조하고 싶은 말은 금강경은 부처님께서 설하신 경전이다. 그러하기에 이것은 중생을 위해 설하신 것이므로 중생들이 쉽게 받아들일 수 있는 내용을 설한 것이지 깊은 철학이 숨어 있어서, 미흡한 중생들이 받아들일 수 없고 깨달은 사람들의 입을 통해야만 받아들일 수 있도록 설해진 경이 아니다. 부처님은 그의 대상이 몇몇 수행자가 아닌 모든 중생이 있어 다 받아들일 수 있는 말씀을 하신 것이다. 그래서 그의 가르침은 보편성을 띤다. 보편성이란 수평적인 것이지 성인이나 현인, 철인과 같은 사람들이 이해하고 받아들일 수 있는 그런 것이 아니다.

그러하기에 부처님의 말씀을 그대로 받아들여야지, 그것을 지나치게 어렵게 해석하거나 또 어렵게 설하거나 어렵게 논해서는 안 된다는 것이다.

수보리와 부처님과의 대화중에 칠보(금, 은 유리, 수정, 백산호, 마노, 진주) 이야기가 자주 나오는데 이것은 칠보라는 상징적인 물질을 선택하여 그것을 또 비유하여 항하(恒河, 인도 갠지스 강)의 모래를 등장시킨다. 그러므로 물질의 한계를 가지고 정신의 영역과 함께 저울에다 달아서 어떤 것이 더 나가느냐? 즉 가치가 있느냐? 하면서 묻고 답하는데, 거기에 금강경 사구게(四句偈) 등을 내세워 그것을 받아 지니고, 독송하고, 남을 위해 설한다면 앞서 설한 물질의 극치인 칠보로써 항하 모래 수만큼 많은 보탑을 세우는 공덕보다 그 공덕이 엄청나다는 말로서 물질의 세계보다는 정신 세계의 공덕을 강조하셨다.

사구게(四句偈)

범소유상 개시허망 약견제상비상 즉견여래(凡所有相 皆是虛妄 若見諸相非相 則見如來)

무릇 있는바 상이 다 허망해서, 모든 상이 상이 아닌 줄로 보면, 곧 여래를 본다.

불응주색생심(不應住色生心) 불응주성향미촉법생심(不應住聲香味觸法生心) 응무소주이생기심(應無所住而生其心)

마땅히 색에 머물지 않고 마음을 내고, 마땅히 소리와 향기 맛 촉감 법에 머물지 않고 마음을 내고, 마땅히 머문바 없이 그 마음을 내라.

약이색견아(若以色見我) 이음성구아(以音聲求我) 시인행사도(是人行邪道) 불능견여래(不能見如來)

색으로서 나를 보려거나 음성으로 나를 구하려 든다면, 이는 사도(邪道)를 행하는 것일 뿐 여래를 보지 못한다.

일체유위법(一切有爲法) 여몽환포영(如夢幻泡影) 여로역여전(如露亦如電) 응작여시관(應作如是觀)

모든 현상 세계는 마치 꿈 같고, 환과 같고, 물거품 같고, 그림자 같고, 또한 이슬과 번개 같아서 마땅히 이와 같음을 알고 관할지니라.

보시공덕(布施功德)

그리고 보시를 행(行)함에 어떻게 해야 하는 것을 수보리와 함께 대화를 통해 말씀하시길 "보살은 마땅히 머문 바 없이 보시를 행하라(菩

薩於法應無所住行於布施)."(이런 대화중에 '보살'이라는 말은 어느 특정한 보살을 칭함은 아니라고 본다. 모든 중생이 다 해당된다고 보면 될 것이다.)

만약에 보살이 "내가 무엇 무엇을 했습니다."라고 했을 때 이것은 무주상보시가 아니라, 유주상보시(有住相布施)가 된다. 유주상이란 무주상의 반대로 했다는 생각을 가지고 행하는 것이 되므로 아무런 공덕이 되지 않는다. 달마가 서쪽에서 양(梁) 무제(武帝)를 만났을 때 무제가 말하길 "짐이 탑을 세우고 불경을 펴내고, 불사를 많이 하였으니 그 공덕이 얼마나 됩니까?" 하니 달마가 "무(無)"라 하였는데, 무란 즉 공덕이 없다는 말이다. 이렇듯 무엇을 행해도 행했다는 생각이 없어야 진정한 공덕이 됨을 말씀하셨다.

이것은 노자(老子)도 자과자무공(自誇者無功)이라 해서 "스스로 자랑하는 사람은 공이 없다."고 하셨다.

수지독송공덕(受持讀誦功德)

"또 수보리야, 선남자 선여인이 이 경을 받아 지니고 독송하면서도 남에게 업신여김을 당하면, 이 사람은 전생의 죄업으로 마땅히 악도에 떨어질 것이로되, 금생에 업신여김을 받는 고로 전생의 죄업이 곧 소멸되어 마땅히 아뇩다라삼먁삼보리(無上正等覺, 위없는 깨달음)를 얻게 되느니라(復次須菩提 善男子 善女人 受持讀誦此經 若爲人輕賤 時人 先世罪業 應墮惡道 以今世人 輕賤故 先世罪業 則爲消滅 當得阿耨多羅三藐三菩提)." 하셨다.

부처님께서는 보시를 행함에, 청정한 보시를 말씀하셨다. 청정한 보시란 아무 조건 없이 하는 보시를 말하는데 그야말로 머문 바 없는 무주상보시를 말씀하시는 것이다. 그렇지만 그런 무주상보시도 공덕이 크고 좋겠지만 깨닫는 공덕보다는 못하다.

부처님께서 칠보로써 한량없는 보시를 해도 이 금강경, 내지 사구게(四句偈)를 수지하는 것보다 못하다는 것은, 이것을 수지 독송함으로 해서 업을 맑히며, 나아가 깨달음을 얻을 수 있기 때문이다.

그러기에 부처님 제자 가운데 지혜가 제일이라는 문수(文殊)보살을 친견하기 위해 무착(無着)스님이 오대산(五臺山, 지금의 중국)에서 백일 동안 기도를 드렸더니 문수보살이 나타나서 법문하기를,

若人靜坐一須臾　약인정좌일수유
勝造恒沙七寶塔　승조항사칠보탑
寶塔畢竟碎微塵　보탑필경쇄미진
一念正心成正覺　일념정심성정각

만약 어떤 사람이 잠깐이라도 고요히 앉아 선을 한다면
항하의 모래 수만큼의 칠보탑을 세운 것보다 더 수승하다
보탑은 필경에 부서져 티끌이 되지만
한 생각 바른 마음은 정각을 이룬다.

이러하듯 물질의 공덕보다는 정신의 공덕이 얼마나 큰 것인가를 이해할 수 있을 것이다. 내가 3년 전 모 장관이 당시에 문광부에 있었는데, 그의 집무실에서 차를 한잔하면서 나에게 말하기를 매일 108배를 하고, 금강경을 읽는다는 말을 듣고, 나는 순간 생각하기를 '장관도 아무나 하는 것이 아니구나?' 하는 생각을 하게 되었다. 장관이라는

216

자리는 바쁜 자리이기도 하지만 장관의 위치까지 왔어도 '자기 수양'을 게을리 하지 않으니 조금은 놀라웠던 기억이 난다.

　나는 한때 눈 뜬 고기 그리기를 좋아했고, 또 늘 깨어 있는 정신을 지속하기 위해 물고기 그림을 그려 붙여두기도 하였는데, 물고기는 잠을 잘 때도 늘 눈은 뜨고 있으니, 지혜의 상징으로 마음에 두었으며, 또한 등불도 끄지 않고 생활을 했다. 당시에 사회에서는 한 등 끄기 운동을 했는데 등불 하나를 늘 켜두니 한켠 미안한 생각을 가지기도 했던 기억이 난다.

삼세불가득(三世不可得)

　금강경을 보다 보면 과거심불가득(過去心不可得) 현재심불가득(現在心不可得) 미래심불가득(未來心不可得)이라는 대목이 있다. 이 말은 과거의 마음도 얻을 수 없고, 현재의 마음도 얻을 수 없으며, 미래의 마음도 얻을 수 없다는 말인데, 중국 당나라 때 '주금강'(周金剛)이라 불려질 만큼 금강경에 뛰어난 스님이 있었다. 법명이 덕산(德山)이니 덕산스님이라 부르기도 하겠지만, 성이 주씨인 데다 금강경에 두루 통했다 하여 주자를 붙여 주금강이라고 사람들이 불렀다.

　어느 날 주금강 덕산스님이 바랑에 금강경소(金剛經疎)를 넣어 길을 떠나는데, 당시 선종에서는 불입문자(不立文字) 견성성불(見性成佛)을 내세워 경학(經學)을 무시했다. 이때 덕산스님은 "부처님 제자들이 부처님의 말씀을 무시하고 무슨 견성성불을 하겠다 하느냐?"며 내가 그들과 한번 공부를 실험해 봐야겠다는 생각을 가지고, 북쪽에서 선(禪)의 주류인 남쪽으로 가던 길이었다. 여러 달이 걸려 풍주에 다다랐을 때 배가 고파 점심 공양을 하려는데 마침 어느 노파가 떡을 팔고 있어서, 덕산스님이 떡을 좀 사겠다 하니 노파가 스님을 쳐다보며 말했다.

"떡을 사서 뭣 하시렵니까?"

"점심 공양을 하렵니다."

"그런데 스님이 등에 짊어진 것이 무엇이오?"

"이것들은 내가 일생을 연구한 금강경과 소(疎.주석서)요."

그러자 노파가 말했다.

"스님, 그럼 저와 내기 한 번 하실래요? 지금 스님께서 등에 짊어진 금강경 구절에 대해 물을 것이니, 스님께서 답을 해 주십시오. 스님께서 답을 잘 해주시면 떡을 그냥 드릴 것이고, 대답을 못하시면 여기뿐만 아니라, 이 마을에서는 떡을 한 개도 드실 수 없습니다."

덕산스님은 좋다고 하면서 금강경에 있는 내용이라면 무엇이라도 물어보라고 자신을 보였다.

"스님, 금강경 가운데 과거심도 불가득이요, 현재심도 불가득이며, 미래심도 불가득이라 했는데, 방금 전 스님께서, '점심(點心)'이라 하시니, 그럼 어느 마음에다 점을 찍으렵니까?"

이 말이 떨어지자 천하의 주금강이 말문이 막혀 버렸다. 노파가 스님을 바라보니 스님이 크게 당황한 모습이 역력하였다.

"스님, 이 길로 곧장 가면 용담원(龍潭院)이라는 선원이 있는데 그곳에 가면 숭신(崇信)선사가 계십니다. 큰 선지식(善知識)이니 한 번 찾아가보십시오?"

덕산스님은 곧바로 숭신선사를 찾아가서 "용담의 소문은 오래전부터 들었는데 와 보니 용도 안 보이고, 못도 안 보이는구나?" 하니, 용담선사가 한바탕 크게 웃더니 "참으로 그대가 용담에 왔네." 하면서 덕산스님을 맞았다.

시간이 좀 흘러 저녁이 되자 공양을 하고 차를 들고 한담을 나누다 보니 해가 지고 어두워져 밖이 캄캄했다. 이때 덕산스님이 객실로 가기 위해 자리에서 일어나 신발을 찾으려 하자 숭신선사가 촛불을 확 불어서 꺼버렸다. 사방이 칠흑처럼 어두운 상황에서 순간 활연대오 (豁然大悟)를 했다.

이렇게 도를 깨닫게 되니 도란 쉽게 깨칠 수 있구나 하는 생각도 할 수 있지만 이만한 경지에 이르니까 가능한 것이지 아무나 방문 앞에서 신발을 찾으려 두리번거리다 불을 껐다고 도문이 열리는 것은 아니다. 이미 이쯤 되면 밥이 다 되어 뜸만 들이면 되는 순간에 숭신선사가 뜸을 들인 것과 같은 것이고, 밤을 불에 구웠는데 밤이 다 구워져 터지려는 순간에 어떤 계기가 이루어져 팍! 소리를 내는 것과도 같다.

그래서 이런 경지에서 선지식의 법문을 들어보면 "깨친다는 것이 한 순간인데, 마치 세수하다 코 만지는 것보다 더 쉽다."라는 법문을 들을 수 있다. 이런 것을 가지고 이해하느니 마느니 한다면 분별만 더 해질 뿐이다.

과거심불가득, 현재심불가득, 미래심불가득은 독자 여러분의 뜻에 맡겨둔다.

칠석(七夕)

반짝이는 천체(天體)의 은하수
교교한 달빛 계수나무
까막까치 영차영차
오작교 다리를 놓으니
견우와 직녀가 서로 포옹하고

농부가 밭 일군 지 저만친데
휘영청 가을 달이 밝아오고
오늘 칠석 아침 까치소리
유난히 별난 듯 깍깍하더이다.

못내 차오른 설음
노래하듯 저만치 풀어 던지고

다시는 이별 없는 오늘이기를

견우와 직녀는 알겠지요.

만남 인연(因緣)

이 모두는 소중한 것으로

이것이 없으면 그 무엇도 이룰 수 없다.

옛적 설산동자(전생의 부처님)가

히말라야 산에서

마왕(魔王)을 만나지 않았다면

제행무상 시생멸법 생멸멸이 적멸위락(諸行無常 是生滅法 生滅滅已 寂
滅爲樂)

모든 것은 덧없음이여

나고 죽는 이것

그것 다할 때

적멸(Nirvana)을 즐거움 삼으리.

이런 게송(偈頌)을 들을 수 없었을 것이고

그런 게송을 듣기 위해 몸을 던진 일(爲法忘軀)

없었을 것이며 나아가 깨달음도 없었을 것이다

이렇듯 인연은 소중한 것 세상은 우연히 만나는 같아도

우연은 없다. 시절 인연이 도래해서 만나야 할 사람이 만나는 것뿐
이다.

보시는 마음이 아름다워진다

늘 보시(布施)를 생각하라

보시는 마음을 아름답게 꾸며준다

보시하는 사람은 마음의 풍요로움이 생기고

안락함이 마음에 깃든다.

행복을 바라는 사람

먼저 보시를 생각하라

생각이 일어나면 실천하라

보시야말로 당신을 행복으로 초대한다.

보시를 행하지 못한 사람

늘 불안하고 초조해 한다.

그대가 장부가 되고 싶다면

큰 보시를 행하라

보시는 그대의 마음을 넉넉하게 한다.

보시는 그대의 마음을 짐작할 수 있으니

보시하는 마음이 없는 사람은

큰 장부의 마음도 없다.

보시란 베푸는 것인데

보시하지 않는 사람

어찌 큰일을 성취하려 하느냐

보시를 행하는 사람

세상에서 가장 아름다운 사람이다.

보시란

마음에서 우러나

마음으로 보시하는 것

그래서 보시는 정의가 없다.

보시가 몸에 밴 사람은

생사까지도 없다.

생사란, 나고 죽는 것으로서

집착에서 비롯되나니

집착이 떨어지면 생사가 없고

생사가 없음이 바로 보시다.

옛적 설산동자가

"제행이 무상하여 모든 것이 나고 죽는다."
이 게송(偈頌) 한마디에
설산동자, 나머지 게송을 들려준다면
이 몸뚱이 마왕에게 보시하리라 하니
"나고 죽음 다해 적멸(寂滅)을 즐거움으로 삼으리."
이 게송을 듣고서 마왕에게 몸을 던지니
자기 몸을 던진 동자의 마음이 갸륵해
마왕이 오히려 감읍하고 뉘우치게 됐다.

보시를 행하는 사람
일체의 두려움에서 벗어난다.

그대 행복을 바라는가
행복을 가득한 데서 찾는 사람
행복은 멀어진다.
행복은 멀리서 찾을 수 없듯이
나에게 가장 가까운
내 마음에 행복이 있듯
보시는 내 마음의 행에서 나오는 것
그러하기에
보시하는 사람 늘 행복이 함께한다.

다만 보시를 행하되
머문 바 없이 행하라

머문 바 있는 보시는
진정한 보시가 아니다.
진정한 보시는
줬다는 생각이 없는 보시
아깝다는 생각을 내지 않는 보시
이것이 참다운 보시요
무루(無漏)의 공덕이 되느니라.

— 용문산방에서

선객과 작복(作福)

수행하는 데는 크게 세 가지가 있는데 참선(參禪)이 있고, 경학(經學)이 있고, 율(律)이 있다.

한국 불교는 선불교라 할 수 있는데, 그래서 한국의 스님들은 선을 제일로 친다. 그러므로 선을 주로 공부하는 스님을 선객(禪客) 또는 운수납자(雲水衲子)라 칭하기도 한다. 운수납자란 오고 감이 마치 구름처럼 물처럼 걸림이 없다는 뜻으로 이해하면 된다.

우리나라에는 크고 작은 선방이 있는데 해인사, 송광사, 통도사 등 삼보사찰에 선원이 있으며 이밖에도 대본산과 수말사에도 선방이 있다. 본사가 아닌 사찰 중에 대표적 선방을 든다면 문경 봉암사 선방을 들 수 있는데, 봉암사는 조계종 종립선원이다.

선객이 선원에 입방하려면 산철(결제가 아닌 때)에 방부(房付)를 드리는데, 선객이 선호하는 선방은 항상 만원이라 줄을 서서 대기를 해야 한다. 어떤 선방은 3년을 기다려야 입방할 수 있을 정도로 입방이 만

226

만치 않다 선호하는 선방은 몇 가지를 들 수 있는데 추운 겨울, 동안
거는 따뜻한 곳이 선호하는 곳이 될 것이고, 반대로 더운 여름을 나기
위해서는 추운 지방 가령 오대산 상원사 선원 등에 수좌(修坐)가 몰리
게 된다. 그 밖에도 납자를 지도하는 명안종사(明眼宗師)가 있는 곳,
또 생활 환경과 안거(安居) 후에 소위 해제비(선객이 안거가 끝나면 만행
을 해야 하는데 드는 비용에다 약간의 약값이 포함되는 정도)가 넉넉한 것도
선호하는 조건이 될 수 있다.

　선원에는 일정하게 정해진 공부 기간이 있는데, 동안거(冬安居)와
하안거(夏安居)가 그것이다. 동안거는 음력 10월 15일~정월 보름, 하
안거는 음력 4월 15일~7월 15일까지다. 각 3개월간 참선을 하고나면
다음 공부 기간이 3개월이 남는데 이때가 만행 기간이다. 만행(萬行)
이란 글자대로 많은 행을 한다는 뜻으로, 선지식(善知識)을 알현하여
문선지법(問禪知法)을 하고, 또는 도반(道伴)을 만나 서로의 공부도 점
검하고 탁마도 하여 수행의 끈을 놓지 않는 것이다. 그런 중에 가끔은
세인들이 볼 때 스님들이 가지 않아야 할 곳을 간다고 좋지 않은 시선
으로 보는 경우가 많다. 그것은 세인들이 보는 분상으로 세인들은 수
행자의 분상을 대체로 이해를 못하고 자기들의 분상으로 보기 때문에
그렇다.
　수행자에 대해서 분명하게 이해를 해야 할 것이 있는데, 스님들은
신앙을 이끄는 교역자 이전에 수행이 그들의 본분사라 그 수행의 분
상에서는 오고감, 그리고 머무는 곳, 다 수행처 아님이 없다. 때로는
한잔의 술잔을 기울이는 것도 수행의 일환이 될 수 있다는 것이다. 나
역시 지난날 수원 용주사에 머물 때 신도가 하는 큰 술집이 있었는데

그 신도가 자기가 운영하는 술집에 한 번 와 주길 바라기에 그곳에 갔었다. 가보니 사람들이 수백 명도 더 되어 보이는 사람들이 테이블에 앉아서 술을 먹고 있었고 무대에서는 무희들이 야릇한 차림으로 춤을 추고 있었다. 내가 그곳에 가게 된 것은 단순히 신도집이라서가 아니라 불교에서 중생을 교화한다고 외치는데 중생이란 뭇 생명을 의미하는 말로서 중생을 교화하려면 중생들의 살아가는 모습을 모르고 어찌 중생을 교화할 수 있겠는가! 그러하기에 참선하는 선객이 결제를 풀고 산철이 되어 만행을 하다 때론 중생들의 그늘진 삶을 이해하기 위해서라도 그런 곳으로 갈 수 있다는 것을 이해했으면 하는 마음이다. 단 수행의 입문자는 아직 수행의 물이 들지 않았기에 진흙탕에 가면 진흙탕에 빠져서 헤어 나오기 힘들기 때문에 장소를 가려야 하지만 수행의 물이 깊이 든 구참납자(久參衲子)는 시간과 환경에 걸리지 않는다.

이런 가운데 한 선객의 재미난 이야기를 소개하자면 이 선객이 순천 송광사 선원 등에서 공부를 주로 하였는데 어느 날 갑자기 한쪽 눈의 시력을 잃게 되었다. 불안한 마음에 자기의 거처가 있어야겠다는 생각을 하면서 급히 토굴(土窟, 수행자가 거처하는 작은 처소) 자리 구하느라 여기저기 다니다 경주 감포에 터를 구하게 되었는데, 구하고 보니 국립공원 지역이라 함부로 집을 지을 수도 없고, 그렇다고 안 지을 수도 없었다. 터를 구하기까지는 그간 선방에서 한철 공부하면 해제비가 나오는데 한푼도 허비하지 않고 모은 돈인데다, 도반에게 몇 번의 밥 신세도 갚지 않고 모은 돈이 아니던가?

그렇게 장만한 토굴 터라 애착도 가고 집을 짓기는 지어야 하고, 하지만 집을 지으려니 불법이요, 막막하기가 그지없었다. 그러다 용기를 내어 토굴을 짓기로 하고 포크레인 불러서 공사에 들어가려는데 마을 사람들이 눈에 걸렸다. 공원 관리인은 거리가 있으니 눈을 피할 수 있어도 마을 사람들 눈을 피할 수는 없다. 그래서 이 선객이 생각한 것이 선방에서 한철 공부하다 보면 각 사찰이나 신도들이 가져다 주는 보시물이 있는데 주로 메리야스, 타월, 양말 등이다. 이것을 하나도 빠뜨리지 않고 챙겨 놓았다가 한철 공부가 끝나면 자기 토굴로 와서 인근 마을 사람들에게 나누어 주었다. 이렇다 보니 마을 사람들은 스님을 좋아하고 또 때가 되면 기다리기까지 하니 한철 공부 끝나기가 무섭게 포크레인 불러 공사해도 신고하는 일은 절대로 없었다.

이런 가운데 한 번은 산불이 났다. 공무원, 공원 관리자, 마을 사람 등 총망라하여 산을 오르고 내리는데 절대로 허가가 날 수 없는 곳에 불법 건물이 들어서 있으니 철거당할 것은 뻔한 일이고 하니 토굴주인 선객은 어떻게 이 위기를 모면할 것인가 궁구하고 또 궁구하던 차에 마침 동네 사람들에게 그간 베푼 정도 있고 해서 눈감아주니 이장, 면장까지 알면서도 묵인해 주었다. 그러던 어느 날 선객이 생각하니 면장을 찾아가서 인사라도 해야겠다는 심정으로 면사무소를 찾아갔다. 마침 면장을 대면하게 되었는데 여러 공직자가 있는 데서 그만 실수를 하였다. 면장님이 눈감아 주어 철거되지 않아 참 고맙다는 인사를 하게 되었는데, 그런 말을 하려면 면장님하고 단 둘이 있는 데서 했어야 하는데 여러 사람이 있는 곳에서 말을 하게 되니 면장은 은근히 부화가 치밀었다. 자기도 공무원으로 불법 건물을 눈감아주는 꼴이 되니 그의 입장이 난처해질 수밖에 없었다.
  면장은 더 이상 그 선객의 불법 건물을 봐줄 수가 없어 직원에게 명을 내려 철거를 했다. 막상 철거를 당한 선객은 허탈했다. 허탈도 허탈이지만 선방에서 공부만 하다보니 세상 물정을 몰라도 너무 몰랐던 것이다. 그렇게 공개적으로 불법 건축물을 봐주니 고맙다, 감사하다가 될 말인가? 공직자인 면장이 공개적으로 봐줄 수 없어 철거하는 것도 당연한 것이지만 그 선객이 토굴을 하나 이루기까지는 보통의 고난이 아니었다. 선방에서 동안거, 하안거 두 번 있는데, 나머지 3개월씩 두 번도 그냥 쉬지 않고, 이절저절 다니면서 재든, 불공이든 마다 않고 몇 푼 모이면 토굴 짓는 데 다 넣었는데 하루아침에 토굴이 날아갔으니 허전하고 허탈하기가 형언할 수 없었다.

그런가 하면 한번은 어떤 신자가 그 선객의 생활하는 것이 선방에 갔다, 토굴에 갔다, 이절저절 다니고 하는 것이 안 됐던지 오래된 승용차를 선객에게 보시(布施)하였는데 그것도 말썽을 부리더니 한 번은 고속도로에서 그냥 서 버렸다. 다행히 큰 사고는 없었지만 수리비가 백 몇십만 원이 나왔다. 그러자 선객이 생각하기를 돈이 몇 푼 모이면 차가 고장이 나서 수리비에 다 털리고 하니, 헌차를 버리고 새 차를 할부로 구입했는데 그것도 말썽을 부려 서비스센터에 몇 번 들락날락하다가 하루는 지방 국도에서 차가 섰다. 생각하니 기가 찼다. 신도에게 받은 차나 새 차를 뽑으나 차가 제대로 굴러가지도 않을 뿐 아니라 차 수리비만 들어가니, 이러다간 불사(佛事)고 뭐고 하나도 이뤄질 것 같지도 않고 해서 차를 팔려고 내놓으니 차 뽑아서 내던 할부 금 값도 쳐주려 하지 않으니, 스스로 탄식을 하다가 하루는 가까운 도반을 만나 말하기를 "스님 내가 만든 토굴이 어떻게 만든 것인데 날아가 버리고, 겨우 차 한 대 생겼나 했더니 돈만 몇 백 들어가고 해서 또

새 차 한대 샀지만 이런 일 들을 겪고 보니, 이제야 내가 복이 적어 조그만 토굴 하나도 지닐 수 없다는 것을 알게 되었습니다. 이제는 작복(作福, 복을 짓는 것)을 해야겠어요." 하는 것이 아닌가.

복이라는 글자의 어원을 풀어보면 처음 앞자리 글자가 볼 시(示)자고 그 옆에 붙은 자는 날 일(一)이요 그 밑에는 입 구(口)자고 그 밑에는 밭 전(田)자다. 이것을 풀면 볼 시자는 본다는 뜻인데, 그 본다는 것이 누가 본다는 것인가. 즉 하늘이 내려다본다는 뜻으로 이해를 해본다. 그러니 하늘이 내려다보는데, 한 사람이 먹을 밭만 있어도 그것은 복이라는 뜻으로, 오늘날 사람이 받아들이기에는 어떨지 모르지만, 옛 선비들은 그렇게 받아들일 수 있었다고 본다.

인간의 욕망이 워낙 커서 어디쯤 기준을 둬야할지 정하기가 쉽지 않지만 다만 예부터 지족제일(知足第一) "족한 줄 아는 것이 제일이다."라는 말이 있어 왔듯이 인간의 욕망은 나열하자면 끝이 없을 것이다.

아주 어려울 때, 작은 거처 하나만 하다가, 거처가 마련되면 그 이상을 또 바라는 것이 보통의 인간상이다. 그러므로 인간은 끝없는 욕망과 집착으로 종(宗)을 삼으니 인간들이 참으로 불쌍하다. 그러나 불가에 출가한 수행자는 좀 다르다. 세속에 살 때는 느낄 수 없었던 것을 불가에서 부처님과 조사스님들의 가르침을 알고부터 자신을 돌아보고 자신을 낮추는 하심(下心)을 하게 되는데, 세속에서 느끼지도 배우지도 못한 업보(業報)며 업력(業力)을 체득하면서 스스로 복을 지어야겠다는 마음을 내어 온갖 궂은일들을 기쁜 마음으로 실행한다. 그

첫 번째 하는 일이 밥을 하는 소임인데 공양주(供養主)다. 공양주란 공양간의 소임으로 수십 명도 더 되는 대중들의 밥을 짓는 것이 여간 힘이 드는 것이 아니다. 그렇지만 복이란 편하고 행복을 누리면서 짓는 것이 아니기 때문에 매우 힘들어도 그것을 잘 극복한다.

행과 불행

눈보라 휘몰아치는 날
나는
행복할 수 있었다
눈보라 그치자 행복은 저만치 가고 있었다.

사람들은 저마다 행복을 바라지만
행복은 모르게 찾아오고
불행은 알고 맞는다.

인간은 적은 바탕위에서
높이 솟구쳐 사는 동물이기에
스스로를 지탱함에 불안한지도 모른다.

인간의 삶은 두 가지이다

하나는 행복이요, 하나는 불행이다

불행한 사람에게 행복을 논할 수 없고

행복한 사람에게 불행을 예견할 수는 없지만

행복은 지나고 나서야 알 수 있었고

불행은 알면서 뿌리칠 수 없었다.

그러하기에

당신이 행복을 느낀다면

불행해질 때를 생각하라.

(한때의 낙이 고의 원인이 되는 줄 모른다.)

점진적 인생을 살자

자연은 변화하면서도 그 자리를 지킨다. 이 말은 봄이 되면 시작하여 여름이면 무성하고 가을에는 결실을 하는데 다음은 쇠퇴기로 접어든다. 이때가 겨울인데 겨울은 죽이기도 하고 움츠리기도 해서, 정지 상태나 마찬가지다. 그렇다고 완전히 멈춰버린 것은 아니다. 멈추고 경직되는 것도 일정한 시간일 뿐이지 영원하지는 않다는 것이다.

이것을 불교에서는 공(空)이라 한다. 공이란 글자대로 보면 빈(empty)것으로 이해할 수 있지만 좀 더 본질적으로 보면 다시 시작하기 위한 준비과정, 모든 것을 잉태한 상태와 같은 의미를 가지는데 그렇다면 존재하는 의미의 이그지스턴스(existence)다 라고 해도 맞지 않다. 그래서 나온 용어가 묘유(妙有)니 묘공(妙空)이다. 이 말은 공한 것 같으며 공이라 치부하지 못하기 때문이다.

그러해서 시대가 변화하는 것은 자연의 변화와 같아서 변화하면서

235

제자리를 찾아간다고 할 수 있는데 인간이란 미약하고 간사해서 환경에 따라 본질은 잊은 채 마음이 흐트러져 마치 붉고 푸른 것을 보면 마음이 그와 같이 물들어 간다는 것이다.

이것이 오늘 날 우리들의 삶의 한 단면이라고 봐도 크게 틀리지는 않을 것이다. 생각해보라, 비 오고, 바람 불고, 폭우, 폭설이 난무해도 자연의 근본이 변하지는 않는데 왜 인간은 환경에 그렇게 변해야 하는가! 그렇게 변화하는 중에 가장 큰 변화가 있다면 '여자의 삶' 이 아닐까? 인생이란 점차적으로 나아가는 것이지 절대로 과거로 돌아갈 수 없다. 단 한 발짝도 과거로 도리 킬 수 없다는 것이다. 좀 더 극단적으로 말하면 인생에 있어서 '과거는 없다' 라고 말 할 수도 있다. 왜냐하면 과거는 마치 흘러간 물과 같은데 어찌 도리 킬 것이며 잡을 수 있겠나 이것은 과학시대를 살고 있는 현실에도 불가능하다. 과학이 아무리 발달을 해도 삶을 윤택 하는데 지나지 않아서 마치 좋은 화장품을 만들어 좀 더 예뻐 보이게 하는 정도에 지나지 않는다.

오늘 날을 여성시대라 할 수 있는데 이 말은 여성들이 살기 좋은 시대라는 뜻으로 길에 나가면 남자는 보이지 않고 여자만 보인다고 말하는 사람도 있다. 좀 비약된 점이 없지 않으나 이것 또한 현실이다. 하지만 아무리 남여가 공히 하나고 동등함을 주창하지만 여자와 남자는 인격체는 같더라도 그 성질은 하늘과 땅 만큼 다르다. 세상엔 태양이 있고 달이 있듯이 어둡고 밝음 높고 낮음 등 차별적 환경으로 이루어졌는데, 남자는 세상에 나올 때 거느리기 위해서 나왔다면 여자는 순종을 통해 사랑받기 위해서 왔다고 할 수 있다.

이렇게 말을 하면 동의하지 않을 수 있지만 10명의 여자에게 물어

본다면 7~8은 남자에게 사랑을 받고자 한다는 것을 알 수 있다. 이것이 자연의 순리이자 원칙이라 말하고 싶다. 왜냐하면 남자가 씨앗이라면 여자는 밭과도 같다. 이렇게 말하면 밭이 먼저냐 씨앗이 먼저냐 말하면서 밭이 없는데 어떻게 씨앗이 있느냐 한다면 닭이 먼저냐 달걀이 먼저냐 와 같은 논쟁이 된다. 그러나 분명한 것은 남자는 거느리는 포즈로 세상에 나왔고 여자는 순종하는 포즈로 세상에 왔다는 것이다.

그러하기에 남자는 육중한 기골을 가졌으며 여자는 가냘프면서 아름다운 몸매로 세상에 나왔다. 이런대도 불구하고 오늘 날 여자가 남자에게 힘으로 지지 않으려 한다면 이것은 자연의 순리에 부합하지 못하는 것이 된다.

특히 오늘 날 여자들이 연하의 남자를 찾고 연하의 남자와 결혼을 하고자 하는 경우가 왕왕 있는데 그것은 과거를 소급하려는 것과 같다. 과거란 한 번 흘러간 물과도 같아서 한 번 지나버리면 되돌릴 수가 없어서 "동서양의 영웅호걸들 동서남북 진흙 속에 누웠네(天下英雄豪傑漢 南北東西臥土泥)." 안타까워도 어쩔 수 없음에도 스스로를 과거로부터 소급 받고 싶은 충동에 젊은 연하의 남자를 끌어당겨 살려고 하니 그런 삶이 얼마나 힘이 들겠나? 그러하기에 그 삶은 오래가지 못하고 좌절하고 상처만 남긴 채 헤어지게 된다.

그러므로 인생은 점진적으로 보고 점진적으로 살아야지 과거에 맞추려 하거나 과거를 소급해서 현재에 맞추어 살겠다는 생각은 발상은 기특하나 허상(虛像)을 바라보았을 때 허상만 더한 것처럼 스스로의 삶에 아무런 이익이 없다.

비 오는 날의 상념

주르륵 비 떨어지는 소리

12줄 가야금

비늘 솟듯 일어나는 상념

물결처럼 흘러샀지만

그 아름다운 모습으로

아련히 실감나게 내 마음을 적신다.

인생은 짧고도 긴 것

흘러 흘러도 흐르지 않는

그대와 나의 자화상인 것은

비 오고 천둥치고 바람이 불고서야

알 것 같아

비 오는 날의 상념을.

200원에 천도를 하다

　77년도 이른 봄 밀양 무봉암(舞鳳菴, 봉이 춤을 춘다는 뜻)에 살 때다. 영남팔경의 언저리에 이름조차 무봉암이다. 참으로 경치가 좋았다 기암 절벽 틈으로 산 갈대가 바람에 이리저리 움직이고 발아래 내리깎은 듯한 절벽, 밑에는 검푸른 남천(南川)강이 뱀의 혓바닥처럼 날름대며, 일렁이는 물결은 쪽빛에 수를 놓은 듯 아름다운 곳이었다. 이곳에 잠시 행각을 멈추고 노스님과 함께 살 무렵이다. 한 날 따스한 봄날에 젊은 여자가 찾아왔다. 대뜸 나를 보자마자 자기의 병을 고쳐달라는 것이다. 볼 때는 멀쩡했다. 다만 좀 측은하게는 보였다. 나이는 스물 몇 정도 되어 보이는데 자초지종을 들어보니, 내가 고쳐서 도와줄 만한 것은 못 되었다. 몸에 신이 온 상태다. 소위 신병인 것이다. 이것을 내가 무슨 재주로 고쳐 준다는 말인가, 나는 생각한 끝에 풍각에 있는 용천사로 보내게 되었는데, 용천사는 아주 오래된 고찰이었다. 마침 그 사찰에 사는 스님이 도반이었기에 절에서 기거할 사람을 찾는다는 말을 들은 바가 있었던 터라 나는 그곳으로 보내면 좋겠다는 생각으로 그곳에 보내게 되었다.

그 여자는 당시 어린 내 마음에도 업이 두텁게 보였다. 그래서 그곳에서 스님들 공양(供養)을 해주고 절간에서 궂은 일을 하다 보면 업도 소멸되고 병도 고치지 않을까, 하는 마음으로 그곳으로 보내게 되었다. 그러다 그곳에 얼마 있지 않아 나는 포항 오어사(吾魚寺) 산내 암자인 자장암(慈藏庵)을 오게 되었는데, 마침 오어사에서 주지스님이 여비를 주며, 공양주가 급하니 구해달라는 것이다. 나는 곰곰이 생각을 하게 되었는데 밀양에서 풍각의 어느 사찰에 병도 고치고 수양도 하라고 보낸 젊은 여자가 생각이 났다. 지금쯤 병을 다 고쳤다면 이곳으로 데려올 수 있겠지, 하는 생각에 그곳으로 갔다. 그곳에서 스님들을 만나보니 내가 생각한 것과는 너무도 달랐다. 기가 찰 노릇이다. 나는 그곳 스님들께 말하기를 왜 병을 고쳐주지 않는가? 라고 했을 때 그곳 스님들은 오히려 나보고 병을 고쳐주든지 그렇지 않으면 데리고 가든지 하라는 것이다.

나는 잠시 생각을 해 보았다. 어찌해야 좋을지 통 해답이 나오지 않는 것이다. 할 수 없이 내가 이곳으로 보냈으니 내가 책임을 져야겠다는 마음으로 병도 고쳐야겠고 또 데리고 가기도 해야겠고 난감한 생각만 가득했다. 첫째 그곳 스님들은 그 여자의 이상한 행동에 천도(薦度)는커녕 무서워하고 있었다. 내가 그런 과정을 듣고 보니 나 역시 안쓰럽고 답답했다. 우선 그 여자는 밤이면 산을 오르내리질 않나, 산신각(山神閣)에 들어가서 이상한 주문을 외지 않나 또는 입에 물을 뿜고 소금을 뿌린다든지, 정말 괴이한 행동을 하는 것이었다. 밥도 제대로 먹지 않고, 아니 먹지 못한다고 봐야 하겠지, 바짝 말라서 언제 죽

240

을지도 모를 정도로 변해 있었다.

　나는 결심을 했다. 병을 고쳐 줘야겠다는 마음으로 내가 너를 위해 천도를 해줄 터이니 천도비를 내야 하지 않겠느냐 하니 내어 놓았는데 200원이 전부라는 것이다. 그 동전 200원을 부처님 앞에 올려놓고는, 공양을 지어 천도재를 지내는데, 우선 법당 옆문을 다 열게했다. 그것은 영가(靈駕)를 불러들이는 데 안심하게 하기 위해서다. 그리고 상단에 부처님께 축원 공덕(祝願功德)을 하고는 그 여자의 주변에 맴도는 귀신들의 이름을 위패에 옮겨 적었다. 하나는 자기의 모친 이름이고 하나는 십수 년 전에 죽었다는 자기의 동생 이름이다. 위패를 두 장 썼다. 그리고 천도재를 하기 전 영가를 부르는 의식을 하고는, 조용히 타이르듯 법문(法門)을 했다.

　"세상의 모든 이치는 인연으로부터 나와 인연으로부터 사라지는 것, 다만 살아 있다는 것은 인연이 있어서 잠시 머문 것이고, 이 인연이 다 되면 가게 되는 것이다. 산 자와 죽은 자는 다르다. 산 자는 색신이 있어 모든 것을 감시할 수 있지만 색신을 잃어버리면 다시는 찾기 힘들다. 그러니 잃어버린 색신을 다시 찾기 위해서 사람의 몸을 잠시 빌릴 수는 있어도 업력(業力)만 더하는 것이지 영가에게 아무런 도움이 되지 않는다. 그러니 영가는 스스로 영가의 길을 가야 하는 것, 산 사람은 산 대로 스스로 그 업력을 소멸해서 장차 가야 할 길과 머물어야 할 길을 찾아야 할 것이다.

　그러나 지금처럼 산 자와 죽은 자가 함께 뒤섞여 있으면 산 자도 고통이요, 영가도 고통만 더할 뿐이다. 그러니 부모가 되고 형제가 된 인연은 잠시 인연이 있어 만난 것에 불과한 것이니 이것에 집착하지 말고, 스스로 갈 길을 택하라…"

이렇게 법문을 하니 재단에 엎드려 절하는 여자가 숨을 헐떡이며 괴로워하였다. 그리고 간단히 영가의 길을 여는 염불을 해 마치고 방으로 돌아와 그 여자에게 물었다. "영가가 무엇이라 하지 않던가?" 그랬더니 "내 어머니는 이제 스님의 법문을 듣고 가야 할 길을 정했으니, 나는 지금 간다." 하면서 가버렸고 어렸을 때 죽은 남동생은 "누나, 지금 가서 3년 후에 다시 찾아올게." 하며 가버렸다고 했다. 과연 이런 말을 어찌 믿을 수 있을까 하지만 신병(神病)이란, 일반적인 병과는 달라서 금방 표가 났다. 거의 음식을 먹지 못하던 여자가 음식을 먹게 되고 돌아갔던 눈동자가 제자리를 찾는다는 것이다.

이렇게 하여 나는 그 여자를 아래 절 오어사 주지스님의 부탁대로 그 여자를 오어사에 데리고 왔다. 그러나 그 여자는 내가 자기의 병을 고쳐준 은인으로 여겨 곧바로 내가 있는 곳으로 올라왔다. 나는 이미 그럴 것을 짐작하고 절 문을 굳게 잠그고 있었다. 내가 그를 도량으로 한 발짝도 들이지 않는 것을 알고, 서운한 마음을 가지고 밑에 있는 절, 오어사에 내려갔다. 그리고 그 이후 얼마 되지 않아 그 여자는 그곳으로부터 떠나고, 나는 그 이후 다시는 본 일이 없다.

산 채로 천도하다

　20여 년 전 포항 원효암(元曉庵)에 살 때다. 원효암은 원효대사가 창건한 사찰이라는 뜻으로 운제산(雲梯山) 계곡 남쪽 봉우리 아래 중턱에 있었다. 오어사(吾魚寺)를 지나 한참 올라가면 사방이 산으로 빙 둘러 있는 명당이 보인다. 우선 물줄기가 하나 있는데 서쪽에서 동쪽으로 흐르니, 예부터 서천동유수(西泉東流水)는 약수라고 말을 할 정도로 좋은 샘이 있는 암자였다.

　내가 이곳에 머물게 된 것은 자장암에서 인연이 다 되어 바랑을 짊어지고 떠나는 길이었다. 그곳을 벗어나려면 당시 오천에서 버스를 타야 하는데 버스정류장에서 차를 타기위해 잠시 서 있는데 그곳 원효암을 중수한 노인을 만나게 되었다 "스님! 지금 어디로 가시려고 이렇게 바랑을 짊어졌습니까?" 물어왔다. 나는 인연이 다 되어 이곳을 떠나기로 하였다는 말을 하게 되었는데, 그때 노보살이 그곳에 와서 살면 좋겠다는 간청을 해왔다. 나는 좀 망설이며 생각하다가 좋다고

승낙을 했다.

원효암을 좀 소개하자면 신라시대 원효대사가 머문 곳으로 6·25 때 불타버린 절을 나에게 살아달라고 부탁한 노인이 원효암을 중수하게 되어 젊은 날 경주에서 요정을 했었는데 그 미모가 달덩이처럼 고왔던 분이 30초반의 나이에 이곳에 와서 여생을 보내다가 나를 만나서 사실상의 주인인 그가 절을 나에게 넘겨주고 간 셈이다.

원효암은 절 간판이 대웅전에 붙어야할 자리에 고기 모양으로 나무가 만들어져 그곳에 원효암이라는 이름이 써져 있는 것이 특징이라면 특징이다. 그것은 삼국유사에 의하면 일연(一然)스님이 삼국유사 마지막 부분을 쓸 때, 산 아래 큰절 오어사에서 머문 기록이 나오고 그 기록에 의하면 "네 똥은 내 고기다"라는 말이 나오는데 그곳에서 비롯해서 현판이 그렇게 달리지 않았나 생각한다.

이곳에는 다른 산속 암자와 달리 정원이 잘 조경되어 있었다. 법당 앞에는 수국(水菊)과 작약, 목란, 상사초, 그리고 향나무가 탑처럼 조경되어 있었다. 그리고 천연의 역사를 말하듯 오랜 돌담장과 고목이 된 수 없는 감나무, 또한 100년을 넘은 듯한 모과나무 등 이루 다 헤아릴 수도 없을 만큼 정원이 잘 꾸며져 있었다.

나는 이곳에서 작은 텃밭을 만들어 고추도 심고 상추도 심었다. 그리고 호박도 심었으며 그것을 따다 반찬을 해서 한 끼의 밥을 먹으며 홀로 생활을 하였다. 사방이 산으로 둘려 있는 관계로 해가 일찍 떨어졌다. 물론 당시로서는 전기도 없었고 전화도 없었다. 자연히 밤이 일찍 찾아왔고 밤이 되기 전 오후 다섯 시만 되면 얼른 밥을 해 먹고는 방안에서 생활을 하게 되는데, 전기가 없다보니 자연히 촛불에 의지할 수밖에 없다. 그런데 가끔 촛불이 타다가 '딱' 하면서 초똥이 튀는 소리를 낸다. 그럴 때면 혼침(昏沈, 졸음)하던 수행자의 장군죽비 맛과 별반 다르지 않다.

　그렇게 촛불을 태우며 혼자서 공양을 하던 차에 중년의 보살(여신도)이 한 분이 왔다. 와서 이런 저런 말씀을 하는데 참 기구한 가정 살이라는 것을 알게 되었다. 그 신도는 그날로 절에서 공양을 하며 채소도 가꾸고 절 도량을 청소도 하며 지내게 되었다. 그렇게 생활을 하며 나를 도와주니 처음에는 고마운 생각만을 가지게 되었는데 어느 날인가 좀 이상한 일들이 자꾸 일어나고 있었다. 그것은 매일 밥그릇에 긴 머리가 하나씩 들어온다는 것이다. 처음에는 공양주하는 보살이 정신을 제대로 가다듬지 않아서 그러려니 하다가 매번 그렇게 머리카락이 들어오니 참으로 이상한 노릇이었다. 나는 호되게 꾸짖기도 해 보았다. 그럴 적마다 그 보살은 미안한 마음에 쌀을 씻고 또 씻고 하면서 신경을 쓰지만 그래도 되지 않으니 앞서 살았던 주지스님이 노스님인데 그곳에서 주지를 하다 돌아가셨다. 그런 관계로 혹 그 노스님 밥그릇이라 그렇지 않나 하는 생각에 밥그릇까지 다 바꿔봤지만 소용이 없는 일이었다.

　그러던 어느 날 내가 그간의 있었던 날짜를 보니 내일이면 3·7(21일)일이 되는 것 아닌가. 아무리 생각을 해도 참으로 이상한 일이 아닐 수 없었다. 밥뚜껑을 열어서 머리카락이 보일 때도 있지만 보이지 않을 때도 있어 다행이구나 하는 생각으로 밥을 먹다 보면 어김없이 중간쯤이면 나오는 것이다. 그러다 뒤에는 아예 먹기 전에 밥 속을 뒤져서 머리카락을 찾는데 어느 때는 위에서 어느 때는 중간, 어느 때는 바닥에서 나오는 것이 참으로 이상한 밥을 먹게 된다는 생각을 하니 자연히 밥 먹기가 싫을 뿐 아니라 두려움마저 들었다.

하루는 그 보살을 불러서 "보살은 살아 있지만 죽은 귀신과도 같으니 이렇게 매일 괴로워할 것이 아니라 내가 보살을 위해 천도를 해드리리라." 하니 보살은 좋아했다. 스님이 자기를 위해 천도를 해준다 하니 기뻐하는 모습이 역력했다. 나는 곧 산 사람을 죽은 사람 영가 위패를 쓰듯 하여 '망 00유인 000영가' 라는 위패를 써서 붙이고는 재를 지냈다. 그리고 위패를 불살랐다. 그리고 다시 해주는 밥을 먹게 되었는데 신통하리만큼 머리카락이 눈에 띄지 않지 않은가 혹시나 하는 마음으로 계속하여 살피고 또 살폈지만 머리카락은 보이지 않았다. 이것이야말로 산 채로 천도한 것이 아니고 무엇이랴.

그 이후 한동안 음식도 잘 먹고 별일 없이 지내게 되어 그간 그 보살로 인해 공양을 편히 먹게 됨을 한편으로는 고마웠고 그 보살 역시 그곳에서 잠시나마 업장을 소멸한 것 같아서 다행이 아닌가 생각을 하면서 그 후 오래지 않아 나는 그곳을 떠나게 되었다.

불공으로 병을 고치다

　운제산 자장암(慈藏庵)에 살 때다. 당시에는 전기나 전화가 들어오지 않았을 때인만큼 신도가 절을 찾는 것도 스님이 신도를 대하는 것도 쉽지 않았다. 더군다나 그곳은 교통마저 좋지 않았다. 길이 두 갈래로 나눌 수 있는데 한 길은 오어사(吾魚寺)쪽 정면으로 오는 길이 있고 한 길은 뒤쪽, 대송면으로 온다. 앞쪽으로 온다 해도 차를 한두 번 갈아타고 내려, 산길을 족히 30분은 걸어야 하고 뒤쪽으로 와도 한두 번 차를 타고 내려서 산길을 한두 시간은 걸려야 올 수 있으니 말이다. 그러한 조건에서 절과 신도의 관계는 1년에 몇 번의 편지가 유일한 커뮤니케이션(communication) 인데 다행한 것은 그곳이 여느 사찰과는 다르다는 것이다. 삼국유사에도 언급되어 있을 정도로 역사가 있고, 또 그 역사 속의 주요 인물인 원효와 자장의 실화가 얽혀 있는 곳이기도 할 뿐만 아니라, 지형적 영향으로 인하여 그 지역에서는 상당히 알려진 기도 사찰인 것이다.

그곳 자장암은 한국의 사찰 어디에서도 볼 수 없는 독특한 지형에 있는데 삼면이 절벽이요, 또한 산봉우리 위에 법당이 있어 실로 경이로운 곳이 아닐 수 없다. 우리나라에서 높은 곳의 사찰을 든다면 치악산 상원사와 설악산 봉정암, 그리고 지리산 법계사 등을 들 수 있는데 그러한 곳은 실제에 있어서는 산 정상과는 좀 떨어진 중턱 내지 정상을 오르는 위치 정도에 있는 곳이다. 그러나 이곳 자장암은 봉우리에 법당이 있는데 법당 뒷산에 오래된 소나무가 한 그루가 있다. 그 소나무 가지 자락과 법당 기와와 같이 나란히 있으니 실로 산봉우리 위에 절이 있는 셈이다.

이런 곳에서 나는 5년이라는 세월을 보내게 되었는데 하루는 포항의 상도동에 사는 강모 보살이 찾아왔다. 그 보살은 자장암의 지역 화주보살로서 절에 기도가 있건 불사를 하건 항상 신도들에게 화주(化主)를 해 온다. 그러한 보살이 해가 질 무렵에 키가 크고 몸집도 큰 아들을 데리고 온 것이다. 그것은 자기의 아들이 밤을 두려워해서 밤만 오면 무서움을 느껴 엄마든 누나든 함께 잠을 자야 할 정도로 정신적인 병이 깊이 들어서 이곳에 온 것이다. 나는 참 의아하게 생각하는 것이 화주를 하는 보살도 옛 부인으로서는 유난히도 컸던 분이다. 그런데 그 아들도 그에 걸맞게 키가 크고 덩치가 좋았다. 나이도 20대 초반뿐이 되지 않는 사람이 갑자기 그렇게 움츠리는 생활을 하니, 그 모습이 마치 어미 품을 떠나 길에서 방황하다 어느 날 비에 흠뻑 젖어 돌아온 외아들 같이 안타까워했다.

그래서 나는 불공(佛供)을 정성스럽게 드렸다. "대자대비한 부처님 이곳 화주보살의 아들이 빨리 쾌차될 수 있도록 부처님의 가피를…" 이렇게 한참을 불공을 드리니까 온몸에 전율이 이는 것을 느끼며 들고 있던 목탁까지도 이상하게 느낄 정도였다. 당시 나는 생각하기를 내가 불공을 하면서 이곳 화주보살 아들이라 지극한 마음으로 온 정성을 다하여 기도를 드리니 이렇게 기이한 현상이 일어나지 않나 하는 생각을 하였다. 불공이 끝난 후에 그 아들에게 물었다. 진정 무엇이 그렇게 두려우냐? 하면서 혹시 밤이 되면 두려운 마음에서 벗어나려고 술을 먹지는 않느냐? 하였더니 그렇다고 했다. 나는 그 즉시 술을 먹으면 안 된다고 하면서 술이란 순간은 편할지 몰라도 술을 먹으면 병을 고칠 수 없으니 술을 먹지 못하게 약조를 받고 대신 천수경에 나오는 '호신진언(護身眞言, 옴 치림)'을 외우라고 하였다.

그것은 내가 어린 나이에 산속에서 살 때 큰 위안이 되었다. 호신진언이란 내 몸을 보호한다는 뜻으로 밀교(密敎)에 의하면 호신진언 '옴 치림'을 한 번 외면, 내 몸을 보호받고 두 번 외면, 내 가족 형제를 보호받고, 세 번을 외면 내 친지 등을 보호받고, 네 번을 외우면 내가 사는 마을을 보호받고, 다섯 번을 외우면 내 국가가 보호되고, 여섯 번을 외우면 세계가 보호받는다. 일곱 번을 외우면 온 일류가 보호받는다는 것으로서 나는 이런 믿음의 확신을 갖고 있어서 스스로 실행을 하였고 그때 그 화주보살 아들에게 권하게 되었다.

그로부터 시간이 흘러 몇 달이 지나서 그곳의 화주를 하려고 상도동을 가게 되었는데 그 때 그 화주보살 댁을 찾아서 화주 이야기를 하였더니 반갑게 맞아주면서 당시 돈 30만 원을 선뜻 내주는 것이 아닌가. 나는 너무도 쉽게 시주를 하니 의아한 마음이 들었다. 알고 보니 그것은 지난 몇 달 전 자장암에서 스님이 불공을 잘 해준 덕분에 자기 아들이 금방 좋아져서 지금까지 별 탈 없이 잘 지낸다는 것이다.

세상에는 무엇이 진리다 아니다 하기 전에 나보다 어려운 이웃을 생각하고 나보다 상대가 무엇을 바라고 있는지를 먼저 생각한다면 그곳에 이웃이 있고, 길이 있고, 진리가 있고, 가피가 있고 행복이 있지 않겠는가?

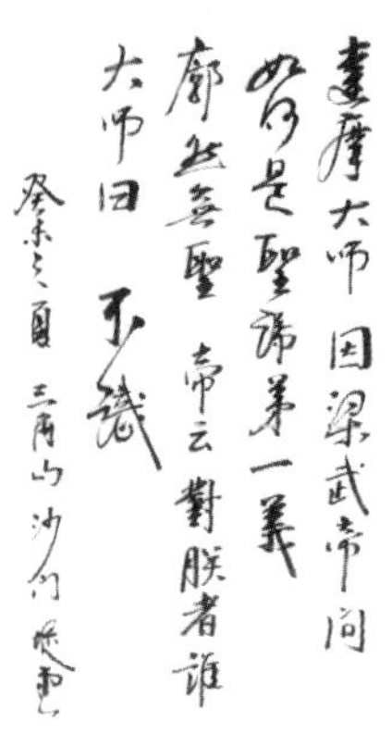

노루 천도하던 날

경북 달성군 가창면 우록동에 가면 남지장사라는 절이 있는데, 내가 그곳에 살 때의 일이다. 그곳에는 꽤 수행을 많이 한 스님이 주지로 계셨다. 그는 괴각(乖角)승이었다. 남과 타협할 줄도 모르고 자기가 하는 일은 무조건 옳다고 했고 무조건 따라주길 좋아했다. 그러하다 보니 그와 함께 생활을 하는 데는 어려움이 많았다. 그러므로 함께 살던 대중이 얼마가지 않아 다 가버리게 되는데 그렇게 되면 그는 혼자남아 산을 지키고 절을 지킨다. 그 절도 오랜 역사를 가진 절이라 옛 맛도 나지만 폐허가 된 구석도 많이 있다. 그 절은 하나의 큰 산이 둘러쳐져 있는데 가운데 큰 절이 있고 양 옆으로 암자처럼 작은 절이 있다.

하나는 백련암(白蓮庵)이요, 하나는 청련암(靑蓮庵)이다. 왜 백련인지 청련인지는 잘 몰라도 아무튼 유서 깊고 역사성이 있는 사찰임에는 틀림없다. 그 절의 조사각(祖師閣, 고승들의 영정이 모셔져 있는 곳)을 봐도 꽤 많은 고승들이 그곳을 거쳐 갔다는 것을 알 수 있다. 임진왜란 때는 사명대사도 그곳에서 3,000명이나 되는 승병을 조련했다는 설이 있다. 아무튼 산은 소나무가 주종을 이루면서 아늑하면서도 빙두른 것이 명산인 것만은 분명하게 느낄 수 있다. 특히 인상적인 것은 가을이 되면 감나무가 많아서 대웅전을 위시한 백련암과 청련암으로 이어지는 산길에 감이 주렁주렁 열렸다. 또한 겨울이 되면 감을 거의 따지 못해서 감이 매달린 채 눈을 맞고 빨갛게 얼어붙은 채 매달려 있어 까치들의 식생활 터전이 되는 것도 볼 만한 장관이 된다. 그리고 하얀 눈밭에 노루와 토끼가 뛰어노는 것도 종종 구경할 수 있다.

이러한 환경에서 지내다 보면 세속의 근심은 어디론가 다 가버리고 산과 동화되어 스스로 까치도 되고 산토끼도 되고 노루도 된다. 다만 승려는 세속인과 다르기에 그저 산만 쳐다보고 자연만 감상할 수 없는 것이 수도 생활 하는 사람들이다. 무엇을 공부하고 무엇을 수도라 하느냐 물어 온다면 딱 부러지게 학교나 학원처럼 배우는 것은 없다. 그것은 공부를 하는 회중(會衆)이 아니기 때문이다. 그렇다고 그냥 적당히 살지 않는다. 또 그렇게 살아서도 될 수 없다. 수행자는 과거에 무엇을 했든 그것도 생각하지 않는다. 오늘의 현실 속에 주어진 공부를 할 뿐이다 참선을 주로 했으면 참선을 하는 것이고 경학(經學)을 주로 했으면 경학을 하는 것이다.

그러기에 작은 사찰에 살수록 기본이 충실해야 한다. 기본이 없으면 스스로가 공부를 이끌어 나가는 것은 어렵다. 가장 힘겨운 장애가 게으름이다. 산속의 작은 절은 공부하는 환경이 아니기에 스스로 해오던 공부를 다시 점검하는 것이지 새로이 무엇을 배우는 것이 아니

252

다. 때문에 공부가 전혀 되어 있지 않은 사람은 발전이 없을 뿐 아니라 정신적으로도 지탱하기가 매우 힘이 든다. 이곳 남지장사도 이와 같은 도량이다. 그저 빙 둘러쳐진 병풍 같은 산을 둘러보고 산새와 기는 짐승들은 친구 삼아 지내기로는 좋다는 말이다.

이런 도량에서 가을을 만나고 겨울을 만난 그해는 유난히도 눈이 많이 왔다. 가끔 눈을 맞으며 산을 한 번씩 오르내리게 되는데 그것은 산짐승이 많기 때문에 세인들이 쇠고리를 통해서 산짐승을 포획하는 것을 감시하는 역할도 되기 때문이다 그러하기에 가끔 한 번씩 산을 오르고 산을 둘러보게 된다. 한번은 고라니가 고리에 걸려 죽게 되었는데 대중스님들이 가서 구제해준 일도 있었다. 어느 날은 눈이 많이 온 이후 산에 올랐는데, 산은 눈이 내린 후 기온이 떨어져 밟으면 소리가 날 정도로 얼어 있었다. 그때 내 눈에 노루 한 마리가 들어왔다 자세히 보니 올무에 걸려 죽어 있지 않은가. 불쌍하고 가여웠다. 그래서 노루를 짊어지고 절에 왔다. 절에는 주지스님을 비롯하여 몇몇 젊은 스님들이 있었다. 주지스님은 그것을 보더니 화장을 하자는 것이다. 그리하여 대중들이 의논을 한 끝에 각기 나무 두어 짐씩 나르니 족히 장작 열 짐 정도는 되었다.

장작을 차곡차곡 빼곡히 눕히고 세우고 나서 석유를 뿌리려 하는데 절에서 일하는 부목(절에서 나무하고 허드렛일을 하는 사람)이 "스님! 석유를 안 뿌리면 안돼요." 하였다. 한 스님이 대꾸가 재미있었다. "왜 화장하다 말고 노루고기 맛이라도 보려고 그래?" 그 한 마디 말에 엄숙했던 노루 화장장이 킥킥거리는 웃음이 나오기 시작했다. 다시 정신을 가다듬고 석유에 불을 붙였다. 그러자 불은 큰 불꽃이 되어 어둠이 살며시 내려앉은 산사의 동구 밖을 환하게 비추기 시작했다. 그 때 주지스님은 우리들이 보란 듯 우렁차게 염불을 하기 시작했다. "나~무아미타불 나무아미타불…" 함께 불꽃을 바라보던 우리 모두가 다 함께 노루의 극락왕생을 위한 천도 다비(茶毗)를 행하였다.

비록 금생에 미물로 태어나서 인간들의 포획에 걸려 눈밭에 죽어갔지만 생명은 무엇 하나 귀중하지 않을 수 없는 것, 부디 차생엔 좋은 몸 받아서 행복하게 살기를 바라는 마음으로 축원을 하면서 밤은 깊어갔고 거의 새벽에 이르러서야 불꽃도 식어갔다. 한 마리 노루의 영혼도 훨훨 날아서 아침에 뜨는 햇살과 함께 눈부시게 승천할 것을 바라는 마음이다.

반야심경으로 목숨을 구하다

우리 불가에서는 부처님의 경전을 참으로 소중히 다룬다. 해마다 합천 해인사 '경판정대불사'를 보아온 사람들은 알겠지만 부처님의 글이 새겨진 경판을 머리에 이고 탑을 도는 행사를 한다. 그와 마찬가지로 불가에서는 부처님 경전을 소중히 다룬다. 나 역시 그렇게 소중히 다루는 큰스님을 잠시나마 모신 일이 있었다. 조계종 종정을 두 번씩이나 역임하신 고암(古岩)스님이시다. 그분은 방안에 있는 경책을 잠시 옮길 때도 반드시 머리 위로 들어 옮기셨다. 그뿐 아니라 스님들은 가사(袈裟, 스님들이 의식 때 입는 법의)를 입고 벗을 때도 절대로 바닥에 끌리지 않게 한다.

옛날 전지(戰地)에서 있었던 이야기이다. 지금으로부터 약 700년 전 중국 변방 단포(壇浦)에서 원(源)씨와 평(平)씨 간의 씨족 전쟁에서 평씨가 전패하였다. 그로 인해 괴담이 끊이지 않았다. 세월은 또 몇백 년이 흘렀다. 그러자 평씨 후인들이 충혼탑을 하나 세웠다. 그 충혼탑 근처에 절이 있었는데 미타사(彌陀寺)였다. 미타사에는 법일(法一)이라는 맹인이 주지스님의 도움으로 그곳에서 살게 되었는데 법일은 비파(琵琶)를 잘 탔다.

그런 법일이 마을에 간 주지스님이 돌아오지 않으니 문밖에서 스님을 기다리고 있는데, 건장한 무사(武士) 한 사람이 와서 말하길 "우리 장군님께서 당신의 비파 연주를 꼭 듣고 싶어 하니 나와 함께 가면 어떻겠느냐?" 하였다. 법일이 그를 따라 가게 되었는데 어디인지는 잘 몰라도 대관문(大關門)을 지나고 다시 대현관(大玄關)을 지나니 시녀들이 모여 있었고 그곳에 장군들의 모습도 보였다. 이곳에서 법일은 단포곡(壇浦曲)을 타고 나니 노부인이 나타나서 말하길 "우리 장군께서 대단히 기뻐합니다. 이 뒤로도 6일이 되면 매야(每夜)에 와서 연주를 해주신다면 사례를 후하게 하겠습니다."고 부탁을 해왔다. 다만 오늘 있었던 이 일은 일체 입 밖에 발설치 말아달라는 부탁까지 하고는 앞서 인도한 장군의 안내로 미타사에 돌아오게 되었다.

이때 미타사 주지스님이 법일이 놀아온 것을 알고는 이 늦은 시간에 몸도 좋지 않은 사람이 어디를 갔다 왔느냐 물었지만 법일은 그 노부인의 부탁대로 말을 하지 않았다. 그렇게 며칠을 지나 또다시 약속대로 법일은 그곳이 어디인지도 모르고 장군의 안내를 받아 그곳에 가서 연주를 하고 돌아왔다. 이때 미타사 주지는 법일의 행동이 좀 이상해 보여서 주시하던 차에 비가 부슬 부슬 오는 밤에 법일이 나가는 것을 보고는 대중들을 시켜서 뒤를 따르게 했다. 법일은 비를 맞으며 충혼탑 앞에서 혼자 연주를 하고 있지 않는가? 그래서 법일을 데리고 와서는 자초지종을 듣게 되면서 깜짝 놀라지 않을 수 없었다. 그리하여 법일을 구제할 것을 생각하다 몸에 반야심경을 새기기로 마음을 먹고는 법일의 옷을 벗기고 제자들과 함께 전신에 빈틈없이 반야심경을 쓰고는 말하기를 "오늘밤에도 무사가 또 올 것이니 아무리 불러도 대답하지 말고 좌선(坐禪)만 하고는 따라가지 말라."고 당부를 해 놓았다. 아니나 다를까 무사가 와서 법일을 불렀다. 그런데 이상하게도 무사가 법일을 데리러 왔는데 법일은 없고 법일의 귀(耳)만 보였다. 이것이라도 가져가야지 하고는 귀 한쪽을 잘라 갔다.

주지스님이 날이 새자 법일을 찾았다. 그런데 법일의 귀 한쪽이 없지 않은가. 가만히 생각하니 어제 온몸에 심경의 글을 쓰면서 귀는 제자들에게 맡기고 말았는데 그만 제자들이 한쪽 귀에 글 쓰는 것을 빠뜨린 것이었다. 주지스님은 한쪽 귀를 빠뜨린 것이 못내 미안한 마음이지만 그래도 법일을 죽음에서 구할 수 있었다는 것으로 만족을 해야 했다. 그래서 법일을 몰이법일(沒耳法一)이라는 별호를 지어주며 법일과 함께 여생을 잘 지냈다는 내용이다. 이것은 하나의 지난 설로 여기고 말 수도 있겠지만 믿음을 가지고 부처님의 가르침을 중히 여기는 사람들은 부처님의 금구성언(金口聖言) 한 자 한 자가 얼마나 귀중하고 소중한 것인가를 일깨우는 것쯤 되지 않을까.

오처사 이야기

남방에 도인이라고 불리던 향곡(香谷, 1910-1977)스님이 부산 북구 구포동 어느 마을 한 신도댁을 찾게 되었다. 그 집은 바로 오처사(處 士, 벼슬하지 않은 숨은 선비 또는 불가에서 부르는 남자 신도)라는 분이 살고 있는 집이었다. 마침 그 집 안으로 들어섰을 때 집 안에서는 공양을 막 하려던 참이었다. 스님이 들어서는 줄도 모르고 세 살배기 어린아이가 가엽게도 고사리 손으로 합장을 하고서 밥상머리에 앉아 있지 않은가. 스님은 그 광경을 그저 지켜만 보고 있었다. 그것은 불가에서 스님들이 공양을 할 때 하는 공양 의식이었다. 그 광경을 지켜본 큰스님이 놀라지 않을 수 없었다. 이것은 불가에서 스님들의 일상적 공양 작법(供養作法)을 세속에 있는 신도 집에서 하는 것도 놀랍지만 더욱 놀라운 것은 세 살배기 어린아이가 약간은 졸린 듯하면서도 고사리 같은 작은 손을 합장을 한 채 어른들과 함께 식당 작법(呪文)을 하지 않는가. 그때 스님이 그 광경의 모습을 보고 그 집 주인인 오처사를

258

향해 "그대는 지장의 후예다"라고 했다 그 말은 지장보살이 화현했다
는 말과 같다.

그럼 오처사는 어떤 분인가. 60년대에 독실한 불자로서 부처의 마
음과 부처의 행을 몸소 실천한 분으로서 앞서 언급한 대로 공양 시간
이 되면 공양을 하는 것도 법도에 따라 한다. 그렇게 하다 보니 늘 밥
은 싸늘하게 식게 마련이다. 그럴 쯤 어린 손자의 모습은 보는 사람으
로 하여금 측은한 마음까지 들게 한다. 그러한 오처사의 행은 차츰 소
문에 소문으로 널리 알려지게 되었는데, 그는 늘 양복 한 벌에 구두
한 켤레, 검정고무신을 신고 살아간다.

그에게 걸인이 와서 구걸을 하면 쌀을 한 말씩이나 퍼준다. 가히 상
상하기 어려운 행동이 아닐 수 없다. 그리고 집에서 생활할 때는 늘
불경을 대하길 마다하지 않는다. 그러한 관계로 주요한 불경을 거의
다 외운다고 한다. 그래서 향곡스님 외 또 다른 어느 고승도 그에게
"문수의 화현"이라는 말로서 그를 칭송하기도 하였다 한다. 그런 그
의 행동은 많은 기적적인 일도 낳게 되었는데 그 하나로 그의 친동생
이 당시 장군이었다. 장군으로서 형을 보려고 구포로 오게 되면 형의
모습이 너무 안타까워 양복 한 벌 맞추어 주고 신발도 한 켤레 사주게
되는데 그럴 때면 그 형인 오처사는 그것을 남에게 다 보시를 하고 허
름한 양복 한 벌만 입고 신발도 검정고무신을 신고 살아간다. 그러던
어느 날 장군인 동생이 부산으로 내려와 함께 지프차를 타게 되었는
데 그날따라 비가 많이 와서 구포다리 옆 낙동강 강변은 길이 좋지 않
았다. 그렇지만 형과 아우가 함께 지프차를 타고 강변을 가던 중 차가
전복이 되었다. 그런데 여기서 기적 같은 일이 일어났다. 차가 다 부
서졌는데도 불구하고 아무도 다치지 않았다. 이것을 주변 사람들이

알고는 기적이라고 말하게 되었다.

그러던 어느 날 오처사의 딸이 영도에 사는 어떤 사람에게 시집을 가게 되었는데 그 아버지에 그 딸이니 시집에서는 남달리 지켜보면서 좋은 신부감을 데려왔다고 좋아서 잔치를 크게 열기도 하였을 뿐 아니라 며느리에 대한 기대도 매우 컸다. 그러던 어느 날 걸인이 구걸을 왔다. 그러자 그 며느리가 쌀을 한 말 퍼 주었다. 그것을 시가댁 사람이 알고서 남편에게 이야기하게 되었고 남편은 부인을 설득했다. 그러다가 다시 또 그런 상황을 맞았다. 걸인에게 쌀 한 말가량을 줬다는 것을 알고는 당장 친정으로 쫓아버렸다. 며느리는 할 수 없이 친정에 돌아와서 지내는데, 일정한 시간이 지나도 친정에서 딸을 보내지도 않을 뿐 아니라 시가에서도 특별히 데리러 오지도 않았다 그렇게 시간이 흘러 두 달가량 흘렀을 무렵 시가에서 남편이 찾아왔다. 곰곰이 생각하니 통이 좀 클 뿐이지 큰 잘못은 없는 것 같아서 오히려 미안한 마음을 가지고 부인을 데리러 온 것이다. 그때 장인인 오처사가 "자네 같은 사위에게 딸을 맡길 수 없다."는 말을 하며 사위를 돌려보냈다. 사위가 그 집 오처사의 내력을 이해하면서 다시 자기의 처를 데리러 왔다. 오처사도 부인도 가기를 거절했다. 그러나 또다시 찾아와 잘못을 사정해서 부인을 데리고 갈 수는 있었다.

오처사는 사위에게 말을 했다.

"다 버릴 줄 알아야 다 얻을 수 있는 것이다. 크게 버리는 마음이 없이 어찌 큰 것을 기대한단 말인가. 작은 욕심이 큰 것을 잃게 된다. 가난한 사람이 오면 그를 불쌍히 여겨 힘껏 보살펴 줘라. 그러면 나도 크게 살 수 있다. 내 것을 아끼고, 내 것을 주기를 싫어하는 사람이 어찌 남으로부터 도움을 받을 수 있느냐? 사람은 홀로 존재할 수 없기에 누구인가로부터 도움을 받아야 한다. 그러려면 누군가에게 도움을 줘야 한다."

이런 말을 들은 사위는 자기의 작은 그릇이 부인을 친정에 보내게 되었고 그로 인한 마음고생을 시킨 것 등 모두가 미안하고 죄송한 마음을 가지고 오처사댁을 나왔다는 이야기다. 이 이야기는 꼭 그렇다 아니다 단정할 수는 없다 이것은 76년도쯤 밀양 무봉암(舞鳳庵)에 있을 때 황벽이라는 스님이 나에게 들려준 이야기다.

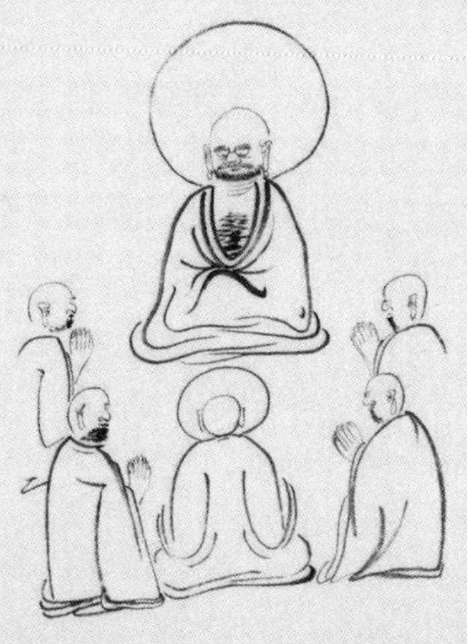

내 마음의 이야기

지은이 | 제운 스님
초판 1쇄 발행 2007년 12월 15일
펴낸이 | 이의성
펴낸곳 | 지혜의나무
등록번호 | 제1-2492호
주소 | 서울시 종로구 관훈동 198-16 남도빌딩 3층
전화 | (02)730-2211   팩스 | (02)730-2210
ⓒ지혜의나무   ISBN 978-89-89182-68-9 03220

*잘못된 책은 바꾸어 드립니다.